반성

반성

김영승

민음의 시 6

민음사

自序

몰수당한 젊음, 아득히 까마득히 유예된 꿈, 육시당한 젊은 육신…… 그렇게밖에 요약될 수 없는, 한 도덕적 천재의 그 어처구니없이 참혹한 젊은 시절.
나는 회복하고 싶다.
어두운 나의 도처에 폭죽처럼 펑펑 터지는 그의 얼굴, 예광탄처럼 스치는 그의 얼굴, 아아, 은하수처럼 펑펑 쏟아지는 그의 그 고운 눈빛…… 부서지듯 웃던 내 눈부신 그 웃음도.
잘해 보자.

1987년 3월
김영승

차례

自序

반성 · 序   11
반성 1   20
반성 16   21
반성 187 22
반성 173 23
반성 163 24
반성 156 25
반성 167 26
반성 39   27
반성 190 28
반성 193 29
반성 207 30
반성 517 31
반성 72   32
반성 71   33
반성 69   34
반성 94   35
반성 97   36
반성 99   37
반성 100 38

반성 108	39
반성 83	40
반성 80	41
반성 591	42
반성 641	44
반성 21	45
반성 78	46
반성 79	47
반성 740	48
반성 743	49
반성 744	52
반성 745	53
반성 757	56
반성 764	58
반성 782	61
반성 783	62
반성 784	64
반성 785	66
반성 844	68
반성 788	71
반성 673	74
반성 793	75
반성 799	77

반성 787	79
반성 804	81
반성 809	83
반성 810	85
반성 814	88
반성 815	93
반성 563	98
반성 564	100
반성 569	101
반성 570	103
반성 626	104
반성 627	106
반성 645	108
반성 648	109
반성 659	111
반성 551	116
반성 545	118
반성 546	119
반성 818	120
반성 826	121
반성 827	123
반성 828	125
반성 553	126

반성 676　　128

반성 685　　129

반성 699　　131

반성 702　　133

반성 703　　136

반성 704　　138

반성 706　　139

반성 712　　140

반성 717　　142

반성 719　　144

반성 722　　146

반성 576　　149

반성 588　　151

반성 589　　152

반성 602　　154

반성 604　　156

반성 608　　158

작품 해설 / 이남호
자조적 실존의 비극적 아름다움　159

■일러두기■

* 「민음의 시」는 괄호 안 한자 병기를 원칙으로 하나, 시인의 요청에 따라 원고 그대로 한자를 노출하였습니다.

** 맞춤법과 띄어쓰기는 한글 맞춤법과 외래어 표기법을 따랐으나, 일부 단어는 시작 의도에 의해 원고 그대로 표기하였습니다.
  예) '그리고는', '괴슴츠레', '오도방정', '뒤얼킴', '펴부우머', '스물거리는' 등.

반성 · 序

언제나 그랬지만
갈수록 개인의 영역이 축소되고 말살되는
시대에 있어서 결코
한 개인의 노래만은 아닌 극복해야 할
자조적 실존의 비극적 아름다움——

상대적 가치로 환산되어
어쩔 수 없이 고도화된 미개한
정태적 표현방식으로 몰수된
그 모든 개별적 사례에 대해서

자아(또는 의식)과 세계(또는 대상)과의 격절현상 속에서
자아(또는 의식)과 세계(또는 대상)의 중간에 놓인
자아(또는 의식)의 주체로서의 또 하나의 자아(또는 의식)
그 또 하나의 자아(또는 의식)에 내재화된
원래의 자아(또는 의식)과 세계(또는 대상)에 대해서

분쇄된 자아(또는 의식)으로 도금된 분쇄된 세계(또는 대상)의
  소유주 떠난 단자들

자아(또는 의식)의 편린이 묻은 세계(또는 대상)의 편린
그 비가시적 부유물질

자아(또는 의식)이 세계(또는 대상)에 투사되어 생성된
단자들의 상호 절대 고립된 시공

자체로서 완전독립된 개별적 시공이 편만한 전체로서의
시공 속에서
 착종된 그 개별적 시공들에 대한 인위적 이합집산과 분류를 획책하는
 개체성을 상실한 다수의 전체로서의 의식과
 오도된 상호주관성에 대해서

그리하여
인간의 지극한 개체적 자유와 존엄성을 위한
인간과 인간의 완벽한 관계해소를 위해서

제도적 필요성에 의해 박탈된
유화된 인간의 원래성에 대해서
본질적으로 특수성으로 귀일하여 그 자체로의 정합을

저해하는
　외부적 압박에 대해서

특수한 한 개인의 의식이 포착한 특수한 한 대상

가령
악적 필요성에 의해 양산되는 취약한 인간들이
자기방어적으로 분비하는 독성물질에 의해
자가중독에 빠진 거대한 연체동물에 대해서

희로애락이라고 착각된
시공의 함수로 변화하는 위치에너지
그 외부적 자극에 의해 주조되는
비종교적 두상의 안면근의 수축이완에 대해서
── 찰흙처럼 오므려 붙인
　　얼마되지도 않는 얼굴 근육에 힘을 주어 만든
　　오묘한 표정의 대동소이한 편차에 대해서

너무나 많은 것을 상실한 자의
완전수렴의 꿈

자기동일성 회복을 갈망하는 자들의
갱생자립을 위해서

공인된 폭력을 자행하는 자들의
한 대 쥐어박음에 대한 긴급조치로
실제의 고통보다 더 과장하여 낑낑거리며
불쌍하게 보이려 지적 활동을 하는
내 시계 속의 나의 이웃에 대해서

축소지향의 불문율에
냉철한 깨어 있음 속의 인사불성을 연출하는
이성적 존재에 대해서

애초에 없던 대립과 갈등을 해소하기 위해
화해와 평정의 변증법적 합일점을 시사하는
이미 모든 정체가 탄로난
정체불명의 불확실한 상징에 대해서

자기자신에 대한 자기자신의 대리점으로
호객행위를 하는

만원버스와 만원전철로 귀가하며
자신의 체취와 자신이 먹은 음식을 탄로시키는
무관한 형제들에 대해서

가령
피차 성교하는 사이면서
마주앉은 상대에게 공중전화를 거는
연인들에 대해서

근본적으로 굴종한
침묵의 다수의
삶의 세계에 대해서

자기자신과 타인을 자기자신을 위한
정신적 육체적 팔일무를 추는 존재로 상정하는
오락적 인간에 대해서

가장 오래된 기억 〈에덴〉의 잠재의식 속에 희석된
죄의식의 발굴제도 같은
난공불락의 논리적 도덕적

유형무형의 환락가와 교회를 입하한
푸줏간 같은 도시의 진열장에 걸린
시편 150편 같은
빨간 고깃덩어리의 단순한 주기적 진동에 대해서

어디든
빨래처럼 널려 나부끼는
열악한 육체와 영혼의 평면도

고등한 우주 무기를 갖춘 자들의 파상공격에 속수무책인
입체적 사고능력이 저열한 자들의 쩔쩔맴

애초부터 싸움이 성립되지 않는
치졸한 어리석음의 균점

설명 불가능한 제반현상

지겨움

내가 모르는 일들에 대해서

〈어깨를 겨룬다〉는 동물적 어휘의 잔재가 남아 있는
원숭이 우리 앞에 선
원숭이

힘의 소재에 따라 민첩한
열병분열을 하는
영육

인간과 인간끼리 영혼과 육체의
펼친 화음
우리 모두가 수행하는
마스게임과 카드섹션

〈너를 사랑한다〉는 말이
아니 그 모든
사유될 수 있고 언표될 수 있는 것으로 대상화된다는
것이
 가장 불유쾌하고 기분 잡치는 욕설이 되어 버린
 이 해괴망측하게 황홀한 밤

스물거리는 관능에 수없이 까무러치다가
결국 맹숭맹숭해진
끈적끈적한 육체와 영혼의 오르기(Orgie)

그 모든 선천적 후천적 가엾음에 대한
본능적 심미적 도덕적 이성적 종교적 물리적
동정

기실
마귀들의 가장행렬이거나
천국 백성들의 소돔성 수학여행 같은
설레임과 들뜸의 삶의 세계
선악과 미추와 성속을 초월하여
일부러 노력하여 병신이 되어 가는
〈나〉와 복수화된 〈나〉들의
〈섞음〉〈잠기기〉〈서로 닿기〉
〈그 밖에〉〈갑자기〉〈어처구니없이〉
〈비체계성〉〈흐트러짐〉〈제자리 찾아주기〉 등

〈훔쳐보기〉만을 하는 변태성욕자처럼

자기자신과 세계에 대한 불연속적 보고서의 작성자로
전락한
사실무근한

인간과 인간사와
그리고 〈나〉라고 하는 개체의 일들을
왜곡되게 기록한 것

내가 인정할 수 있는 서정시.

반성 1

두엄더미가 된 빤스를 갈아입으려고
나는 바지를 벗었다.
그리고 새 빤스를 입었다.
나는 곧 바지를 다시 입고
그렇게 또 한 달을 돌아다녔다.
나는 두 개의 빤스를 입고
가 보지 않은 곳이 없었다.

반성 16

술에 취하여
나는 수첩에다가 뭐라고 써 놓았다.
술이 깨니까
나는 그 글씨를 알아볼 수가 없었다.
세 병쯤 소주를 마시니까
다시는 술 마시지 말자
고 써 있는 그 글씨가 보였다.

반성 187

茶道니 酒道니 무릎 꿇고 정신 가다듬고
PT체조 한 뒤에 한 모금씩 꼴깍꼴깍 마신다.
차 한잔 술 한잔을 놓고
그렇게 부지런한 사람들이
나한테 그 무슨 오도방정을 또 떨까
잡념된다.

지겹다.

반성 173

어릴 때 본 검객영화를 생각한다.
악당들이 미리 칼을 뽑고 삥 둘러싸도
주인공은 태연하다.
할 수 없이 끙 하며 술을 마셔 버리는
그 고독한 주인공을 생각한다.
악당들의 쫄개들이 하도 찝쩍대면
할 수 없이 젓가락을 집어던지는
그리하여 악당들의 눈에 가서 팍팍팍 박히게 하는
그 탁월한 솜씨의 주인공을 생각한다.
악당들의 두목이 나타나면
할 수 없이 술을 마시다가
할 수 없이 칼을 뽑는
정말 할 수 없는 그 주인공을 생각한다.

반성 163

코끼리들이 문득 가엾다.
코끼리 발바닥엔
어느 정도 두께의 굳은살이 박혔을까.
그 거대한 몸뚱이를 지탱하며 먹이를 찾아
뛰어다닌 벌판.
굳은살이라곤 입술과 유방과 성기밖에 없는
불행한 남녀들이 다투어 몰려온다.
귀족적이려고 매력적이려고 그리고
지성적이려고 무지무지 애를 쓰고 있다.
가엾다.

반성 156

  그 누군가가 마지못해 사는 삶을 살고 있다고 할 때
  그는 붕어나 참새 같은 것들하고 친하게 살고 있음을 더러 본다.
  마아고트 폰테인을 굳이 마곳 휜틴이라고 발음하는 여자 앞에서
  그 사소한 발음 때문에도 나는 엄청나게 달리 취급된다.
  그 누구를 사랑한다는 것도 사실 끔찍하게 서로 다르다.
  한 사람을 용서한다는 것도
  살벌할 만큼 다른 의미에서 거래된다.
  그들에게 잘 보여야 살 수 있다.

반성 167

　고야의 벌거벗은 마야를 마야의 벌거벗은 고야로 얘기하며
그 늙수그레한 술꾼은 취해서 홍알홍알
대한민국 만세를 부르고 있었다.
어머 취하셨나 봐. 고야의 벌거벗은 마야예요
그걸 듣고 있던 여자는 그렇게 말했고
아니래두, 마야의 빨개벗은 고야라니까
술꾼은 짐짓 화가 난 듯 혀 꼬부라진 소리로 우기고 있다.
고야의 벌거벗은 마야와
마야의 벌거벗은 고야
그건 똑같은 말이다.

반성 39

오랜만에 아내를 만나 함께 자고
아침에 여관에서 나왔다.
아내는 갈비탕을 먹자고 했고
그래서 우리는 갈비탕을 한 그릇씩 먹었다.
버스 안에서 아내는
아아 배불러
그렇게 중얼거렸다.
너는 두 그릇 먹어서 그렇지
그러자 아내는 나를 막 때리면서 웃었다.
하얗게 눈을 흘기며
킥킥 웃었다.

반성 190

쓸쓸하다.
사생활이 걸레 같고 그 인간성이 개판인
어떤 유능한 탤렌트가 고결한 인품과
깊은 사랑의 성자의 역할을 할 때처럼
역겹다.
그리고 보통 살아가는 어리숙하고 착하고
가끔 밴댕이 소갈딱지 같기도 한 이런저런 모습의
평범한 서민 역할을 할 때처럼.
그보다 훨씬 똑똑하고 세련된 그가
그보다 훨씬 자극적이고 도색적인 그가
수줍어한다거나 이웃에 대해서 작은
정을 베풀고 어쩌구저쩌구하는 역할을 할 때처럼.
각자 아버지고 어머니고 선생이고 아내고,
어쨌든 이 무수한 탤렌트들과
나는 살아야 한다.

반성 193

동네 사람들과 함께 무너진 언덕길을 닦았다.
삽질을 하는데 회충만 한 지렁이가
삽날에 허리가 잘려 버둥거린다.
지렁이는 재수 없이 당했다.
사람들은 다만 길을 닦았을 뿐이고
지렁이는 두 동강이 났을 뿐이다.
모두들 당연한 일을 하는데
땅속에 묻혀 보이지도 않는 지렁이.
모두들.
국토분단이 재미있다.
두 동강이 나고도 각자 살아가는 지렁이
붙을 생각 아예 없는 지렁이.
자웅동체, 자급자족
섹스 걱정 전혀 없는
지렁이
지렁이
재미 보는 지렁이.

반성 207

우리는 아주 배고픈 나라로 여행을 갔다.
배고픔밖에 없는 나라 그저 아득한
배고픔의 나라로 손잡고 갔다.
비인도적인 처사도 야만적인 행위도 없는
황홀한 쾌락도 따분한 무료함도 없는
그곳에서 우리는 감사한 저녁을 먹었다.
우리가 나눠 먹은 저녁은
그날 저녁분의 배고픔이었다.

반성 517

예수에겐 당연한 일이고
다른 사람들에겐
엄청난 일

간음한 여인
킥킥

애써 웃음 참고
엄숙한 표정으로
너희 중에 죄없는 자가
먼저 돌로 치라……

그리고 예수는 하꼬방에 달려가서
흐느꼈을 게다

돌절구도 밑 빠질 때가 있느니라……
(예수가 땅바닥에 끄적거린 낙서)

반성 72

나는 대변을 보는 게 아니라
밀어내기 하는 것 같다.
만루 때의 훠볼처럼
밀어내는 것 같다.
죽기는 싫어서 억지로 밥을 먹고
먹으면 먹자마자
조금 있으면 곧 대변이 나온다.
안 먹으면 안 나온다.
입학도 졸업도 결혼도 출산도
히히 밀어내는 것 같다.
먹고 배설해 버리는 것 같다.
사랑도 이별도
죽음도.

반성 71

 건너 테이블엔 두 사나이가 앉아 있었다. 한 사람은 목에 힘을 준 채 나직이 말하고 있었고 한 사나이는 숙연히 듣고 있었다. 그들은 여자 하나를 놓고 폭력을 주고받은 선후배 간이었다. 야 임마, 영국 수상까지 지낸 윈스턴 처칠이 왜 그 수많은 유태인을 죽였냐? 선배는 그렇게 말했고 후배는, 예 잘 알고 있습니다, 그렇게 말했다. 뚝배기 속의 순대와 돼지 허파를 젓가락으로 뒤척이며 그 여자를 생각했다. 영국과 독일과 윈스턴 처칠과 히틀러가 순대와 돼지 허파처럼 섞였어도 먹을 만하면 그냥 먹어 버리는 그 여자의 식성을 생각했다. 두리뭉실 배고프면 먹어 버리는 우리네를 생각했다. 맛있게 잘 먹고 또 소주를 마시고 있는 배고픈 나를 생각했다.

반성 69

아르헨티나여 나를 위해 울지 마라
그런 노래가 있었다.
구월동이여 나는 너를 위해 운다
나는 노래 부른다.
차별침식당한 사막의 잔구처럼
전봇대가 박힌 곳만
원기둥처럼 흙이 남아 있다.
옮겨심을 가로수처럼 뿌리를 싸맨 전봇대
꼭 황음한 사내의 부랄 같다.
불도저와 포크레인이 쉬고 있는 밤
브래지어와 포크도 쉬고 있는 이 겨울 밤
배고픈 사나이와 술 취한 사나이가
효수당한 이 밤
이건 밤이 아니라 그저
어둠이다.

반성 94

괘종시계가 네 번인가 울렸다. 에밀레종처럼 엄마—하고
울리는 것 같다. 그 여운이 뭉클 가슴을 또 울린다.
어디 종 만드는 데 있으면 나를 집어넣고 싶다. 술 취한 나를
집어넣고 만든 그 종이 어디선가 울린다.
문법에 맞지도 않는 엉망진창의 여운이 비명처럼
신음소리처럼 울린다.
이 세상 사람들을 다 집어넣고 만든
이 세상만 한 종이 울린다.
재잘재잘, 쫑알쫑알, 씨팔씨팔, 미안해, 이놈,
여러분, 사랑해, 까불래? 죽여 버려, 여관 갈까? 용서를, 어쩌구저쩌구……
영원히 그치지도 않는 긴 여운.
처음에는 그저 쿵— 이었는데 왜 이렇게 길까.
자자.

반성 97

어깨동무 개동무 미나리밭에 앉았다.
어릴 때 우리는 그렇게 노래 부르며 어깨동무하고 가다가
노래가 끝날 때마다 둘이서 함께 앉았다.
그리고는 또 일어나서 노래를 부르며 갔고 노래가 끝날
때 또 앉곤 했다.
한 여나무 번쯤 앉았다 일어나면
우리는 집에 올 수 있었다.
이젠 어깨동무도 개동무도 미나리밭도 없다.
술에 취하여 하루 종일 넘어졌다 일어나도
나는 집에 올 수도 없다.

반성 99

집을 나서는데 옆집 새댁이 또 층계를 쓸고 있다.
다음엔 꼭 제가 한번 쓸겠습니다.
괜찮아요. 집에 있는 사람이 쓸어야지요.
그럼 난 집에 없는 사람인가?
나는 늘 집에만 처박혀 있는 실업잔데
나는 문득 집에조차 없는 사람 같다.
나는 없어져 버렸다.

반성 100

연탄장수 아저씨와 그의 두 딸이 리어카를 끌고 왔다.
아빠, 이 집은 백 장이지? 금방이겠다, 머.
아직 소녀티를 못 벗은 그 아이들이 연탄을 날라다 쌓고 있다.
아빠처럼 얼굴에 껌정칠도 한 채 명랑하게 일을 하고 있다.
내가 딸을 낳으면 이 얘기를 해 주리라.
니들은 두 장씩 날러
연탄장수 아저씨가 네 장씩 나르며 얘기했다.

반성 108

나는 또 왜 이럴까
나는 또 어릴 적에 텔레비전에서 본 만화영화를 생각한다.
뱀, 베라, 베로 그 요괴인간을 생각한다.
빨리 사람이 되고 싶다.
그렇게 외친 그 주제가를 생각한다.
정의를 위해서 싸움을 한 그 흉칙한 얼굴들을 생각한다.
하필이면 왜 정의를 위해 싸웠을까
하필이면 왜 사람이 되고 싶었을까.
빨리 요괴인간이 되고 싶다 아무래도
그렇게 외치고 있는 것 같은
저 예절 바른 사람들을 생각한다.

반성 83

예비군 편성 및 훈련 기피자 자수 기간이라고 쓴
자막이 화면에 나온다.
나는 훈련을 기피한 적이 없는데도
괜히 가슴이 덜컥 내려앉는다.
내가 무슨 잘못을 또 저질렀을지도 모른다고
어제나 그저께의 일들을 생각해 본다.
나 같은 놈을 예비해 두어서 무얼 하겠다고
어김없이 예비군 통지서는 또 날아오는가.
후줄그레한 개구리옷을 입고
연탄불이나 갈고 있는 나 같은 놈을.
나는 문득 자수하고 싶다.
뭔가를 자수하고 싶다.

반성 80

 지붕에서 쥐들이 100m 달리기를 하는 것처럼 말발굽 소리를 내며 뛰어다니고 있다.
 일제히 방향을 바꾸어 왔다 갔다 에어로빅 댄스를 하는 것인지 살 빼기를 하는 것인지 밤새워 지랄이다. 어머니가 쥐약을 사 오셨다. 쥐약 놓게? 그러자 어머니는 손가락을 입에다 대고 쉬—— 했다.
 쥐가 들으면 안 먹어. 조그만 소리로 어머니는 그렇게 말했고, 빨리 놔요, 나도 조그만 소리로 말했다. 킥킥킥. 쥐들이 웃는 것 같았다.
 다음 날 아침 커다란 쥐 두 마리가 죽어 있었다.
 죽은 쥐를 보며 어머니와 나는 말이 없었고 쥐들도 예전처럼 쥐의 본분을 지켰다. 쌤통이다.

반성 591

둥글게 둥글게 라는 노래는
둥글게 둥글게 하고 난 다음
휴지되는 한 박자에 짝 하고
박수를 한 번 친다

둥글게 둥글게
짝
둥글게 둥글게
짝
빙글빙글 돌아가며 춤을 춥시다
짝
손뼉을 치면서
짝
노래를 부르며
짝
우리 모두 즐거웁게 춤추자
짝
링가링가링 가 링가링가링
링가링가링 가 링가링가링 —

둥글게 둥글게 노래 소리에 맞춰
노래를 부르며
따귀를 맞아 본 적 있는가
싱글벙글 웃으면서 노래를 부르라고
강요받으며
따귀를 맞아 본 적 있는가

링가링가링 가 링가링가링
살찐 여자 벌거벗겨 놓고
간지럼시키는 소리 내며
따귀를 맞아 본 적 있는가
간지럼 타는 여자 흉내 내며
히히히힉 그만 그마안──
둥글게 둥글게
짝
코피가 터져 본 적 있는가

반성 641

당신은 고독을
식후에 피우는 담배 정도로 생각합니까?

피곤해 뵌다고요?
그래서 좀 쉬어야겠다고요?

저에게 있어서
충분한 휴식은
충분한 고독을 의미합니다

충분치 못한 고독 때문에
욕구불만과 스트레스에 시달리는
상한 갈대들을 혹
당신도 보셨는지요?

저 불공평한
불평과 불만 속에서.

반성 21

친구들이 나한테 모두 한마디씩 했다. 너는 이제 폐인
이라고
규영이가 말했다. 너는 바보가 되었다고
준행이가 말했다. 네 얘기를 누가 믿을 수
있느냐고 현이가 말했다. 넌 다시
할 수 있다고 승기가 말했다.
모두들 한 일 년 술을 끊으면 혹시
사람이 될 수 있을 거라고 말했다.
술 먹자,
눈 온다, 삼용이가 말했다.

반성 78

3·1절이라고 동네 부녀회 여자들이 태극기를 달라고 야단이다.

백기처럼 나는 빤스라도 벗어 흔들며 항복해야 되겠다.

부녀회 여자들은 공산당 여맹위원장처럼 외쳐 댔고 나는 꼭 반동 아새끼처럼

주눅이 들었다. 태극기를 찾아도 태극기는 없다. 흙 다시 만져 보자

바닷물도 춤을 춘다 기어이 보시려던 어룬님 벗님 어쩌구저쩌구

나는 술에 취해서 꽥꽥 기념가를 불렀다. 아아, 잊으랴 어찌 우리 그날을…… 그러다가

예라, 어머니한테 숟가락으로 마빡을 한 대 빡 얻어맞았다. 쳇, 기미년 삼월 일일인데 뭐요, 나는 홍알거렸다.

반성 79

아내가 내 빤스를 입고 갔다. 나는 아내 빤스를 입어 본 적이 없다.

아내는 내 빤스를 입고 가 버린 것이다. 나는 빤스가 없다. 일주일 후에 아내는 내 빤스를 빨아서 갖고 왔다.

나는 빤스를 입었다.

반성 740

어둠―컴컴한 골목
구멍가게 평상 위에 난짝 올라앉아 맥주를 마시는데
옛날 돈 2만 원 때문에
쫓아다니면서 내 따귀를 갈기던
그 할머니가
어떻게 나를 발견하고 뛰어와
내 손을 잡고 운다

머리가 홀랑 빠졌고 허리가 직각으로 굽었고……

나도 그 손을 잡고
하염없이 울었다.

맥주까지 마시니 돈 좀 생겨지나 보지 하면서
웃는다

이따가 다른 친구가 올 거예요 하면서
나도 웃었다.

반성 743

키 작은 선풍기 그 건반 같은 하얀 스위치를
나는 그냥 발로 눌러 끈다

그러다 보니 어느 날 문득
선풍기의 자존심을 무척 상하게 하고 있구나
하는 생각이 들었다

정말로 나는 선풍기한테 미안했고
괴로왔다

  ——너무나 착한 짐승의 앞이빨 같은
   무릎 위에 놓인 가지런한 손 같은

형이 사다 준
예쁜 소녀 같은 선풍기가
고개를 수그리고 있다

어린이 동화극에 나오는 착한 소녀 인형처럼 초점 없는
눈으로
 '아저씨 왜 그래요' '너무세요'

눈물겹도록 착하게 얘기하고 있는 것 같았다

무얼 도와줄 게 있다고 왼쪽엔
타임머까지 달고
좌우로 고개를 흔들 준비를 하고 있었다

이 더운 여름
반 지하의 내 방
그 잠수함을 움직이는 스크류는
선풍기

신축 교회 현장 그 공사판에서 그 머리 기름 바른 목사는
우리들 코에다 대고
까만 구두코로 이것저것 가리키며
지시하고 있었다

선풍기를 발로 눌러 끄지 말자
공손하게 엎드려 두 손으로 끄자

인간이 만든 것은 인간을 닮았다

핵무기도 십자가도
콘돔도

이 비 오는 밤
열심히 공갈빵을 굽는 아저씨의
그 공갈빵 기계도.

반성 744

너는 왜 그렇게 티를 내냐
너는 왜 그렇게 기어코 티를 내야 하냐

술 취하여 쓰러져 가는 나를
너는 왜 연탄집게로 때려야 하냐
왜 갈빗대를 부러뜨려야 하냐

함박눈이 펑펑 쏟아지던 날 밤
너는 왜 그 순결함을 더럽히게 했냐
왜 눈 위에 나의 핏방울로
술 취한 나의 핏방울로
너를 절대로 해치지 않는 나의 핏방울로

너의 그 고운 이름을 써 놓게 했느냐.

반성 745

죽기 전에 자기 아들에게만
알았느냐? 하고 죽었다는
옛날 장인들의 비법처럼
나도 그런 거 하나쯤은 갖고 있는가

반 관에 450원
국수를 삶으며
고려청자의 비색 같은
내 아픔의 연원
그 아득한 고대 문명의 발상지를
생각해 보며

시계를 차고도 늘
지각을 하는
노예들과

그리고 그렇게
입 다물고 오래 참을 순 없는가

당신을 사랑해요 혹시

텅 빈 구멍을 메꿀 수도 있지 않을까 하는

결국
음흉하고 비열한 고백 속에서
아름다운 여인이여 그대는
재림한다고 하지 말고 해결한다고 하라
재혼한다고 하지 말고 해결한다고 하라
글쎄
사랑한다고 하지 말고 해결한다고 하라

이력서엔
뒷간에 갖다 붙여 놓으면
온갖 잡귀란 잡귀는 다 물러갈 것 같은
잡귀 쫓는 부적 같은
내 반명함판 사진
덜덜덜 떨리는 손으로 정성껏
결국 삐뚜로 붙여 놓고

자기소개서엔 '나는 천재다'
나는 왜 그렇게 쓸 수 없는가

신문에서 오린 사원 모집 광고 문안엔 왜
식욕 있는 남녀, 성욕 들끓는 남녀
라는 자격—

그 자식들은 왜 나에게
자기네들의 소개서를 써서 보내지 않는가

아니면 '나는 미친 놈이다 으하하하하—'
아니면 숫제 '나는 나는 갈 테야 연못으로 갈 테야
동그라미 그리러 연못으로 갈 테야……'

더러운 놈들.

반성 757

承昊는 왼쪽으로
榮承이는 오른쪽으로
코가 삐뚤어져 뿌렸다
승호와 나는 술도 잘 마시고
骨折도 베테랑이지만
承昊는 오른쪽으로
榮承이는 왼쪽으로
또 한 번 삐뚤어졌다가
언제쯤 다시 똑바로 될까.

코가 삐뚤어지게 마셨다는 말은
참 옳은 말이다.

漢承이는 왼쪽으로 삐뚤어졌다
'承'字 들어간 놈들이 안 좋다.

承昊야
우리도 이름 바꿀려고 이러냐?
야곱에서 이스라엘로?
도대체 酒神과 싸워

남는 게 뭐냐?

사내놈들 자지는 대개
삐뚤어져 있어야 正常이라지만

술 마시고 고꾸라져서
코가 삐뚜니 方向舵처럼
나는 자꾸
오른쪽으로만 가게 된다.
큰 圓을 그리며 빙빙 돌게 된다.

술집에서 술집으로.

너는 왼쪽으로 빙빙 도냐?
빙빙 돌다가 우리 또 만나자.

반성 764

颱風〈베라〉가 北上中인 이 暴, 雨中에
雨備를 입고 물에서 나온 潛水夫 같은 몰골로
半地下의 내 房 그 潛水艦 hatch 앞에

밀린 전기 밥솥 월부금 받으러 온 물귀신 같은 青年을 보더니
떼굴떼굴 구르며 악을 쓰며
놀랍고 憤해 죽겠다는 듯 밍키가 짖는다
'저젓…… 영키야!'
하며 어머니가 소리치고 나서 웃는다

영승이를 부르시려 한 건지
밍키를 부르시려 한 건지

하긴
나를 밍승이라고 부르면 또 어떠냐

강아지 영키와
海底二萬里의 김밍승 艦長

밀린 潛水艦 月稅
언제 주나?

계속 潛水할 것!

魚雷 하나 없는 이 고물 잠수함
기뢰 맞고 폭뢰 맞고
잠망경이나 깨뜨려 갖고 애꾸나 되고

月稅 밀린 밀밍승 艦長
계속 潛水하여 넙치가 되든가
海底 밑바닥을 파고 들어가 地球
內部에 들어가 웅크릴 것!

함장님 잠수함 벽에 금이 가기 시작했어요
물이 새 들어와요

보증금 100만 원에 월세 6만 원짜리
이 잠수함

으음……
그래도 의연히
계속 잠수할 것
(이상)

반성 782

  한국말을 한답시고 열심히 한답시고 삼사 년간 배워 유창하답시고 하고 있는
서양인들을 보면
그들의 지성과 관계없이
꼭
병신 머저리 칠뜨기
팔푼이 얼간이
개콧구멍 같다.

그들이 한국어로 시조를 지어
읊고 다니면 어쩌나?

……사실
나도 그렇다

경찰서에서 호텔에서
서양 미친년 볼기짝 같은
네 유방 앞에서.

반성 783

차라리 원시인들이 땀 뻘뻘 흘리며 굴리고 다니던
도나스같이 생긴 그 커다란 돌덩어리를
돈으로 사용했으면
참 많은 게 탄로날 텐데

간통도 개수작도
그대가 생각하는 사랑도

노동생산성 상승률과 실질임금 상승률이
하등의 관계없이 겉도는
그 모든 노예 시장,
인신 매매조차도 독점한
1, 2, 3…… n차 시험 합격자에 한하여
면접 시험 치르는
부실한 유령 회사도

앗!
돈이 보이지 않는다.

부피도 질량도 없는

보헤사 성령 같은
관념이

모든 현상을 은폐시키고, 쉿!

박 과장, 최 부장
김 실업자

다 굴리고 다닌다.

반성 784

　　──WXY 그려진 W.C 入口
　　非常口 같은 膣口
　　都市는, 아 고 녀석 자지도 굵다
　　까진 데만 25cm네, 이젠 凱旋門도
　　疥癬, 改善, 개, 個個, 砲門도 이젠
　　이젠 挿入 以前에 끝난단다, 少女야
　　찢어지지 않아서 좋겠다, 좆 컸다
　　美童들아

脚뜬 유방과 히프 한 사라
※ 사라 : dish · 皿 · 접시
200₩어치는 안 판다고요?

싱싱한 〈대음순 · 소음순 · 음핵〉 모듬膾
1,000원어치도 안 판다고요?

그럼 陰毛 딱 한 개
그것도 안 팝니까?
그럼 코딱지는 팝니까?

여인이여

당신은 당신의 오줌이나 똥을 싸서 즉석에서
나에게 팔 수 있습니까?
당신에겐 필요 없는 것인데.

이 밤 나는 글쎄
인천행 전철을 타고
또 서울로 간다.

공장도 가격으로.

반성 785

 부처님께 금강저 같은 천상의 특제 야구 방망이를 하나 15개 억겁 할부로라도 사다가
 TV 그걸 국토 밖으로
 영원히
 굿바이 홈런시켜 버리고 싶다

 프로야구 게임 시작하기 전에도
 애국가 연주를 하고 국기에 대한 경례를 하고
 국기에 대한 맹세를 한다
 애국자들뿐이다.

 3할 5푼 6리
 그 타율이 무슨 눈에 거슬리는 놈들 두들겨 패서 굴복시키는 확률
 같으니
 더 이상 할 말 없다.

 히히

 방어율?
 처녀들의?

약자들의?

모든 건 다 프로다
두들겨 패는 것도
심혈을 기울여 막아 내는 것도

야구 방망이에 뒤통수를 맞고
나는 지금 일본열도를 지나
캄차카반도쯤의 상공을
날고 있는 중이다

우우훼훼 우우훼훼 우우훼헤헤헤헤헤 ──
TV 만화영화
딱따구리 웃음 웃으면서

코르만도르스키 제도의
9m짜리 스텔라 *海牛**나 만나 보러
히히.

---

* Steller, Trichechus manatus. 1963년에 절멸한 바다 짐승.

반성 844

 까만 거북이 모가지(turtle neck) 그 소매 없는 T셔츠를
 입는데 팔뚝으로 머리가 나온다 두세 차례 푹푹 계속
팔뚝으로
 나와 나는 할 수 없이 강간하듯 머리 나오는 구멍을 붙
들고 내 머리를
 잘 끼웠다 하마터면 여자에게도 중대한 실수를 범할
 수도 있었다 성기 가장 가까운 거리 그 지호지간엔
 또 하나의 구멍이 있으니 하긴 일부러 거기다 박는 놈도
 있긴 있고 그러길 앙망하는 여인네도 있다지만
 간석동의 페스탈로찌로서는 아무래도 망측하고 이 생각
저 생각 잡념에 빠져 있는데
 동네 꼬마 수진이 연정이 두 공주님이 또 놀러 오셨다
 할 수 없이 어머니가 담근 포도주라도 마시고
 재미난 얘기 동화 다 들려 주어야 한다고 빛깔만
 빨갛지 그건 소주다 소주 우유컵에 다섯 잔 따라
 마시고 또 열심히 순 구라를 풀어 줬다
 내일 그 뚱땡이 현숙이네가 이사 간다고 그렇지만
 현숙이 언닌 미워 죽겠다고 수다를 떠는 얘기도 또 듣
고 있는 와중에
 희웅이가 왔다 혼자 사는 그놈 내 죽은 동생의 친구

멸치하고 고추하고 함께 조린 건지 볶은 건지 통칭
멸치볶음 네모난 플라스틱 통에 하나 가득 담아 주고
물김치와 총각김치도 병에 가득 담아 주고 나서
수진이도 연정이도 희웅이도
다들 가고 나니까 휴우
내 머리는 제대로 나온 것인가?
탈출해 보겠답시고 열심히 동굴을 판답시고 파다가 결국
실패한 몽테그리스도 백작에 나오는 그 두 꼴통들처럼
두더지잡이 놀이의 두더지처럼
망치로 한 대 맞고 찌익 들어갔다 나왔다
혓바닥이나 음경이나 대가리나
들락날락 집이나 감옥이나 병원이나
가장 예민한 성감대 너의 핵무기
그 음핵은 어디냐 버스야 전철아 교회야
찍 쌀 때까진 열심히 문질러야 하나 우리는
대오각성하여 쩝쩝쩝 여자
똥구멍에다 사정하고 나온 놈이
들어가면서 굽실굽실 실례합니다 실례합니다
사무실로 관공서로 재판소로 괜찮습니다
괜찮습니다 여관으로 호텔로 섹스 천국으로

아저씻!
왜 수진이하고 연정이한테만
사과 주고 재미난 얘기 해 주고 그랬어욧!
문 앞에 현숙이가 와서 허리에
손 차고 딱 버티고 서 있다

현숙아 허리에 손 하고
우리 가볍게 모두 다 홉홉홉 뛰어라 무용하자

꼬마 현숙이한테 할 수 없이
또 임의 동행당하며

영안실로 화장터로
거룩한 성
예루살렘으로.

반성 788

술이 늘 문제지만 그래도
그래도 할 수 없지 술에 취해서……

넋 없이 초점 없이 한 곳을 응시하고 있으면
두 개로 보일 때가 있다

지나간 내 여인이여
너는 이제 나한테 하나로 보일까

그렇지 않아도 복잡한 전철 속
두 배로 늘어 두 배로
이 얘기 저 얘기

와—— 좋다
이 두 배의 고뇌 히히

두 명의 여자가 두 명의 남자와 결혼해
두 명의 아기 낳고
네 개의 젖 꺼내 젖 먹이고

서 있는 내 앞에 앉은

두 명의 아가씨의 네 개의 무릎 위에 놓인 두 권의 여성 잡지엔

두 개의 입으로 두 개의 음경을 여기저기 잘 빨아 줘야 한다는

fellatio 얘기

신문엔

두 명의 대통령 얘기

어?

어어어어어어어어어어…… 으악!

내가 두 배로 보고 있는 것을

또 두 배로 보고 있는 완전히 미친

완전 투시안의 사나이가 요놈 하며

씨익 웃는다

* 조는 것같이, 병든 병아리같이, 꼬박꼬박, 입은 꽉 다물고, 괴슴츠레, 금방 우웩 토할 놈같이, 노려보듯, 으읍 후꾸 한 대 맞은 놈같이, 그러고 있으면 얼마나 병신 같겠냐, 영승아.
　다음부턴 그러지 말아라.

전철 유리창에 비친
내 얼굴.

반성 673

우리 식구를 우연히 밖에서 만나면
서럽다

어머니를 보면, 형을 보면
밍키를 보면
서럽다.

밖에서 보면
버스간에서, 버스 정류장에서

병원에서, 경찰서에서……
연기 피어오르는

동네 쓰레기통 옆에서.

반성 793

TV의 프로그램도 제공하는 스폰서가 있는데
내가 보내드리는 나의 이 모든 이야기는 도대체
누가 제공하는 것이냐

그저 세상에 태어나 고통받는
나의 출연료는
누가 주는 것이냐

그대가 그대를 사랑하듯
이 무조건 무기한 무전제의 드라마를.

'선생님 지난 얘기 들려주세요'
턱을 괴고 앉아
스무 살짜리 어린 처녀가
방글방글 웃고 있다

그 깊고 은밀한 가슴속
핸드백 속엔 내 소주값 2~3천 원을
소중히 간직한 채.

그러나 소녀야
나는 내 얘기를 나한테만 들려준단다
네가 그러하듯 나도 그렇다

어째서 종생토록 우리의 그 모든 이야기는
무용담이냐

사랑도 추억도
눈 오는 밤
좆나게 맞은 기억도.

반성 799

벨로드롬에서 사이클 경기를 하는데 한 놈은
오토바이를 타고 일등을 하면
일등을 하면
그래도 금메달 걸어 주는 새끼들도 있긴 있을라

인류의 역사 속엔
이 나라의 역사 속엔

지금도 그렇다.

피죽도 못 얻어먹은 판급 중환자를
따귀 때려 일으켜 세워
트렁크 입히고 멕시칸 글로브 끼우고
고기에 계집에 다 처먹은 헤비급 고깃덩어리와
권투 시합을 시키듯

히히
너는 혼자 같지만
너는 집단이다.

천승만마를 거느린
수천 수만의 사단 병력인 너와
나 한 개인의 싸움에서

나는 결국
나봇의 포도원* 같은
내 아내를 뺏겨 버렸답니다욧. 호호호.

——어린이 여러분
　이 얘기는 딴 데 가서 하지 마세요.
　절대 비밀이야요.

* Naboth's vineyard. 구약성서 열왕기상 21장을 참조할 것.

반성 787

20명 이상 단체 할인 이라고 쓴 유원지를
그 단체에 끼어 살인당해 나도 몇 번
들어갔던 적이 있다

둘 이상은 다 단체다
이 음탕한 여인아
좀 싸게 해 주며 살아라

나도 단체가 되면
할인받으면
이익인가?
나라는 인간의 고기값이 똥값이 되는 건가?

슬픈 정신대 같은
만원 버스 속에서 생선 궤짝 같은
전철 속에서.

아아, 궐기 대회에서
애국 조회에서

스캔들 기사 읽는 우리집 화장실에 앉아
절대 단체 입장 불가며
할인도 없는

이 어쩔 수 없는 폴리가미(Poligamie)에서
다들 이익 보고
다들 값도 싸졌는데

참 부드러운 두루마리 화장지 하나
사기도 지금 현재
어렵다 정말.

반성 804

너는 꼭 걸어도
기러기처럼 V자로 너를 선두로 해서
좌우에 인간들 거느리고 싶으냐

어릴 때부터 반장 부반장
과장 부장 대기업 회장 장관
순 장만 사는 세상이냐

용 꼬리보다 뱀 대가리가 낫다고
다들 장이 되고 싶으냐

대충 걷는 사람과 이것저것 볼 것 다 보며
한눈 팔고 걷는 사람과

남보다 앞섰다는 것은 그저
먼저 가고 있다는 것이다
그럼 속도인가?

이 가을
기러기 울어 예는 하늘 구만리

어떻게 날다 보니 그렇게 된 걸 올려다보고
지상의 인간들 이별의 노래는커녕
그걸 배우고 있다

인간들아 유행처럼
그럼 이 가을에만이라도 좀 이별 좀 하자
헤어져 버리자 무관해져 버리자
각자 갈 길 가 보자

어?
하늘을 보니 기러기떼
A부터 Z까지 제멋대로 이합집산 날다가
〈SEX〉를 그리다가
〈FAREWELL TO FOOLISH KOREA〉
마스게임 하다가
통닭 아니 통기러기가 되기 전에
허겁지겁 걸음아 날 살려라 아니
날개야 날 살려라 삼십육계
줄행랑치고 있다.

반성 809

나는
목이 터져라 감격해서 노래 불렀다는 놈들 속에서
진짜 목이 터진 놈은 한 놈도 못 봤다

살찌는 건 싫어 날씬한 게 좋아
어쩌구저쩌구 노래하며 설탕은 하나도 안 든
무슨 먹는 것 선전하며 TV엔
젊은 여자 셋이 나와 꼭 끼는 옷 입고 꼭 끼는 춤을 추고 있다
아니 누가 살찌랬나?
저런 것들은 그저
아오지 탄광에 갖다 놓고 쫄쫄 굶기면
살이 쪽 빠지겠지
피골이 상접한 버커리
고행의 불타처럼 되어 또
뭐라고 노래 부를까
셋이서 함께 일어나 춤출 힘도
없을 텐데 한 뭇 장작을 애무했던
지난날 내 아내 한 나절 주우면
한 애비쯤 되는 이삭을 갖고

시어미 나오미와 무슨 꿈을 꿀까요

아름다운 룻, 나의 룻*

나는 진짜 목이 터졌다.

목이 터져서
하름다훈 루훗, 나희 루훗

눈물 쫄쫄 흘리는
왕눈깔 산도적처럼
에——

불쌍하다까 봐.

* 구약성서 「룻기」를 참조할 것.

반성 810

번인이 번인 입으로
술 안 마신다고 했으면 마시지 말아야지
또 마시냐?
일구 이언은 이부지자다

어머니가 말씀하신다

하긴……
내 아버지가 둘이면 어떻고 셋이면 또 어떠냐
지금까지 하나도 없이 자란 것도 허전한데

암만 생각해도 아버지가
일개 소대 병력쯤은 될 것 같은
저 고등한 후레자식 속에서

기도하다 보니
다 서럽다

당신 섹스 파트너는 솔직히
몇 명이었소?

킥킥.

한 부부가 염라대왕 앞에 갔단다
염라대왕이 부부를 따로 떼어 놓고
자신이 몇 번 간음했는가 절대
비밀로 할 테니 말하라고 했고
그리고 간음 한 번에 팔뚝에 한 땀씩
바느질을 하는 벌을 주기로 했다

남편은 딱 두 번이라고 고백하고
아얏! 두 번 꼬맸다.

다 꼬매고 남편이 아내는 왜 아직 안 오나 몰래 보니
아내는 들들들 재봉틀로 누비를 당하고 있었다나

수가성 우물가의 여인처럼
나도 술이 솟는 우물가에 살았지만
여인아, 네가 남편이 없다는 말이
옳으니라*

나도 아내가 없다는 말이 옳고
지금도 없고
미래도 없을 것이다 너희들도.

나도 하나님 아버지께
내 죄를 고백해야 되겠다
내가 만난 여인은 두 명
둘 다 내가 술태백이라고 떠났지만
두 번째는 간음이다

아얏!
나도 몇 바늘 꼬맸다.

* 요한복음 4 : 17.

반성 814

 무슨 기자 하겠다는 놈들이 그렇게 많으냐 경쟁률로 치면 고시보다 세다고 사시 행시처럼 그래서 기자 시험도 기시라고 그게 기자냐 기능장애자냐 기자? 기어다니자고? 기자조선의 기자들

신문사 기자 시험 준비하는 준행이는
국어 영어 상식 작문 별의별 것 열심히 공부한다.
아침 8시부터 밤 10시까지 도시락 두 개씩
싸 갖고 가서 언론의 자유를 위해 투쟁할 대기자가
되기 위해서 술도 담배도 끊고 자기 자신과 대대적인 투쟁을
벌이고 있다 중학교 고등학교 대학교를 졸업한 지 벌써 오래 됐으면서
연도별 기출제 문제집을 풀면서 신문 스크랩에
고사성어에 순 우리말에

○명 ○○명 뽑는 기자 시험
○명은 몇 명이고 ○○명은 또 몇 명인가

기자건 사람이건 죄다 ○명이 되어
없어졌는데

그 무슨 비밀이 그렇게 많은가
대여섯 명 예닐곱 명 뽑는다고 쓰면 옳을 것을
그들은 왜 그러고 있을까

수백 대 일의 경쟁률?
그건 다 악마들이 만든 것이다
수백 수천 대 1의 경쟁을 뚫고 들어가면
수백 수천 배로 제 인간값이 올라가는가?
아니면
수백 수천 분의 1로 제 인간값이
똥값이 되는 것인가

아니
언론 운운한답시고 그래도 쭈욱 해 온
동아일보 조선일보 그 신문사에서 왜
선택의 칼자루를 저들이 쥐고 있으면서
한사코 〈모집〉한다고 할까
왜 뽑는다고, 고르겠다고, 문장력이 뛰어난
당송팔대가, 소림사 주방장 같은 대인재를 몇 놈 골라
보겠디고

왜 쓰지 못하는가
브레스트 웨이스트 히프 교양미 지성미 고유의상 수영복 차림 부랄 영근 미스터 누드 코리아 미인 통부랄 선발대회를 한다고 쓰지 않는 건 아니지만 모두들

오병이어의 기적을 꿈꾸며
컵라면에 쥐고기로 점심 저녁 때우는

신문엔

    실업자군?
    메루치떼냐?

면접?
거울 보고 제 얼굴을?
사람은 서로 비추는데?*

제일 좋은 면접은
키스?
그런데 면접이라고?

언론 운운하는 너희가?

〈접견〉이라고 하든가
〈기자 회견〉이라고 해라
이 기자들아.

삼성을 갈까 금성을 갈까 아니면 아예 우주 밖
안드로메다 대성운 그 너머 우주 양주장 골목을 갈까
KBS로 갈까
각 신문마다 구인 광고 누구나 다 시켜 준다고
아가야 나오너라 포르노 구경 가자 노래 불러도
제 가고 싶은 데 저 편한 데 갈 수 없는 건
너도 알지? 나도 알지만
이 우글거리는 실업자들 1, 2, 3…… n차 시험 끝내고
자기 자신과의 면접 끝내고 언제쯤
인간이 될까

내가 찾는 책은 단 한 권도 없는
인천직할시 중앙도서관에 가면
한국어 영어 상식 논문 별의별 것 열심히 공부하는

외국인 한국인 몰상식한 비논리적 젊은이들이
○○○명 우글거린다.

* 구약성서「잠언」27 : 19.

반성 815

그런 걸 해 주고 번 돈으로, 주일 아침 교회에 가 헌금을 하거나, 딸자식 여관 갈 용돈 주거나 딸 친구와 호텔 가는, 그런 의사 새끼가 있다면 참, 없겠지만, 참, 무죄다, 무죄, 성자다, 속죄양이다, 희생자다 참 좋은 놈이다, 밤참이다 참, 나는 나쁜 놈이고 미친 놈이고 아득한 죄인이지만 참, 나는 더러운 놈은 아니다 참, 야스퍼스가 말하는 바의 도덕적 천재다, 만두다, 나를 위해 오리발 내민 적은 단 한 번도 없다, 자지에 털 난 뒤론, 다 고백할지언정, 저 나쁘장하게 생긴 예쁘장한 허약한 인간들 속에서, 진실로.

처녀 시집 처녀 비행
처녀림
처녀 출항

······그렇다면
시집도 비행기도
숲도
항공모함도
처녀막이 다 찢어져 버렸닷!

꽥 소리 지르니까 고막이 터져 버린
저 뻔뻔스러운 귀머거리 여인들

처녀막 재생 수술 하며
자꾸자꾸 약해진다.

처녀막이 찢어지면 고막도 찢어지냐?
아니
밑구녁에 말뚝이 박히면 귓구멍에도 말뚝이 박히냐?

아니 글쎄
보청기처럼 거기다가도 뭘 하나 달아야 말귀를 알아듣냐?
知音할 수 있냐? 들리냣?

어린 여인아 내 얘기는
네가 강해지라는 것이다.

들리냣?
강—해—지—라—는—것—이—다
쳇
위 아래 도대체
어디다 대고 얘기해야 되는지

어쨌든

강하게 울고
강하게 받아들이고
강하게 간직하라는 것이다

강하게 그 〈한 번〉을
상처를 운명을
추억을 시간을
강하게.

약골같이만 보이는 금난새가 TV에 나와 무슨 소화제
선전하며 가르쳐 준 얘긴데
〈포르테〉는 강하다는 뜻이랜다.

할머니가 가르쳐 준 대로
꼭꼭 씹어 천천히
네가 먹은 거면서
왜 이리 궁리 저리 궁리 열심히
디크레센도 피아노 피아니시모가 뇌냐.

촉새처럼 톡톡 튀며
스타카토로.

구월동 간석동
동 대항 처녀막 찢기 대회가 열렸냐?
히히
처녀막 재생 수술 해 주는 의사와 간호원이 무슨
전쟁터 뛰어다니며 찢어진 데 꼬매 주는
국제 적십자사 앙리 뒤낭, 아니 앙리 뒤낭
나이팅게일 같다. 히히

소녀야
여자로 치면 나는 이미
씹창이 거덜 난 수가성 우물가의 여인 같은 놈이지만
나는 그래도 지난날 아내 생각하면
다시는……

그리고 하나님
이 시인도 이 지상에서
생존할 수 있게 해 주소서.

그리고 소녀야
기도하자
아픔은 아픔이고
슬픔은 슬픔이고
그리고
기쁨은 기쁨일 수 있게
하소서.

반성 563

형이상학적 사고 체계가 완벽한
나는 가끔 여자의 성기를 가리키는
우리나라 말 〈보지〉를 발음했을 때의
그 전무후무한 공명을 숙고해 본다.

생각해 보았는가
아무도 몰래 묵묵히
〈보지〉를 발음해 보며
고개를 끄떡거리고 있는
불타나 예수의 모습을

그대의 아버지나
대통령이나

그대의 스승을

생각해 보았는가
마하트마 간디를.

'지 에미 속을 얼마나 썩혔을까

대가릴 저 지랄로 해야만 글이 나온다던?
저 드러운 저 똥 콧수염 저 으······'

신문에 난 『내 잠 속에 비 내리는데』라는 수필집 광고에 나온
李外秀 사진을 보며 어머니는 또 그러신다 그러더니 또 별안간
'야 저 새끼 장가갔냐?' 하신다

히히.

〈보지〉건
〈태멘〉*이건
〈아훔〉**이건.

* 창세기 머리글 '태초에 하나님이 천지를······' 하신 말씀 첫자 '태'자와 계시록 끝머리의 '모든 자에게 있을지어다 아멘'의 '멘'자를 따서 만들었다는 무슨 출판산가 뭔가 하는 종교단체의 이름인 모양인데 이 모임엔 가수 윤복희 소설가 김승옥 등이 관여하고 있다.
** 阿吽 a hūm. 불교 용어. 〈아〉는 입을 열고 내는 소리로 字音의 시초이고 〈훔〉은 입을 다물고 내는 자음의 끝소리로서 〈아〉는 만법 발생의 이체를 뜻하고 〈훔〉은 만법 귀차의 지틱을 늣한다.

반성 564

알몸으로
커다란 선인장을 끌어안고
변태성욕자처럼
성교하듯 숨 막히는 애무를 하면
얼굴에 눈에 입술에 혀에
성기에 가슴에 무릎에 엉덩이에
피……

더는 꽃이 피지 않는 내 몸에
이 서러운 육신에 펑펑
수줍은 꽃 수천 수만 송이

수줍은 꽃의
滿開

아—
主님.

반성 569

술 마시면
家屋으로 들어가고 싶다

내 所有의
家屋으로 들어가고 싶다

正立方體가 아닌 球形의
내 家屋으로
영원한 家屋으로

보증금도 月稅도 없는
계약서도 영수증도 없는
문패도 번지수도 없는
수도요금도 청소요금도 없는
무엇보다 전기요금 없는
완전 투명하고 완전 불투명한
완전 경계 없고 완전 독립된
담도 없고 문도 없는

마을 같고 도시 같고 국가 같은

쥐구멍 같은 집
子宮 같은 집 膣 같은 집
집게(蟹)의 집 같은 집

술 마시면
主人이 되고 싶다.

반성 570

어머니는
나하고 단둘이뿐인데도
들을 사람 아무도 없는데도
남의 얘기를 할 땐
음성을 낮추어 쉰 목소리를 만들어 얘기한다.

─ 뒷집 며느리 바람나서 도망갔대
─ 목사님네 쌀이 떨어졌대
─ 구멍가게집 땅개가 큰 개한테 물려 죽었대

당신은 아나운서요?
제물포고등학교 졸업하고 외대 스페인어과 나온
KBS-1 TV의 이윤성 뉴스 캐스터요?

사랑한다는 말도
못돼 먹었다는 말도
또박또박 발음하는 당신은.

반성 626

서울 가는 게 무슨
미국 가는 것 같다

어머니께
비자 발급 받고
여권 발급 받고
그리고 차비 받아 갈려면

서울 가면 일본처럼
지문 날인 당하고,

또 하나의 외국어
알 수 없는 이 시대 최근의 서울말로
낯선 나라 길을 묻듯
아는 길도 물어 가고
돌대가리 돌가슴으로 만든 돌다리
두드려 가며 건너다
가랑이 찢어질 뻔하고

생각하면

드문드문 돌징검다리,
우리는 결국 섬.

반성 627

九官鳥 앞에서
나는 九官鳥의 말을 흉내 낸다

五官을 자극하면
本官 없는 官能的 快樂이 쥐어짜지는가

五官에 四官을 더하여
九官을 자극하면
나도 남의 말을 흉내 낼 수 있을까

나는 감각 기관이 넷 더 많은
九官鳥인가
鬼神인가

아니면
내 자신이 폐허가 된 옛
九成宮*인가.

웃기는 예술가들
그 지겨운 돌팔이들 때문에

나는……

* 杜甫의 詩「九成宮」을 참조할 것.

반성 645

똑같은 필름도 고속 회전시키면
얼마나 초싹대는 것같이 보이는가
예수나 불타의 일생을 찍은 비디오 필름을
너무 빨리 돌리지 마라
너의 두뇌도 너의 영혼도

장엄한 것은
애통하는 자도, 신음하는 자도
그 모든 피 흘리며 용서하는 자도

그렇다면
저 수다스런 목사들은 때로
칠뜨기 같다.

반성 648

술을 마시며 고운 저음의
튜바 부는 소리 내다
수자폰 소리 내다
풀벌레 울음소리 같은
서러운 웃음을 먼지처럼
天上의 金먼지 銀먼지 寶石먼지처럼
찬란한 웃음을 날리다가

진흙같이 취해서 피콜로 소리를 내면
내 앞에 앉은 여인은 벌써
나를 경멸하고 있었다.

그렇다면 술 마시면서
부드러운 목관악기
잉글리시 호른으로
신세계 교향곡을 연주하란 말인가

술이 들어가는 내 입의 입술을 오므려
베에토벤의 〈환희〉를
연주하란 말인가

〈환희〉 있어요?
없는데요
〈환희〉 있어요?
없는데요

100원짜리 〈환희〉 담배를 사러 가니까
가는 곳마다 없다.

반성 659

동물에겐 도대체
말썽이 없다

나에겐 도대체
말썽이 많다

말썽 많은 말썽꾸러기 동물
인간 빼놓고 손, 발 들어 봐!
우리 밍키 빼놓고!

절대로 폭음을 하지 않는
저 말썽 없는 인간들은
때로 동물 같다

유리알같이 고운 정서를 위해
클래식 음악을 듣고
이름 난 회냉면집 우설집을 순례하는
저 잘 정돈된 미식가들은
동물 같고 神 같고……
인간 같지는 않다

때로는 神 같기조차 한
저 半人半獸의 사티로스 같은
무리 속에서
인간도 아니고 동물도 아니고 神도 아닌
半神(Halbgott)
그 流刑의 땅을 걷는
不隨의
詩人은.

詩人은?

스튜 중에서도 혓바닥으로 만든
텅스튜를 즐기며
저열한 독설로 설교를 하는

피리 불듯 텅킹 주법으로
가열된 육체의 은밀한
구석구석을 연주하는

知性的 性的 Snob들의

헤도니즘을
나는 현대의 성인병이라 부른다

혀를 너무 많이 사용하는
현대의 직업병을.

아—— 하세요 해서
아—— 했더니
살찐 간호원이 다시
에—— 하세요 한다
에—— 했더니
혓바닥엔 하얀 舌苔
雪原을 활강하는 눈부신 여자 나체 스키어들 와——
하고 있는데
에—— 하면서 집에 가세요
하는 것 같다
에——

적고 있던 까만 싸인펜으로 내 하얀 혓바닥에
'罪' 또는 '맛 좋은 섯'이라고 써 놓고

들고 있던 가위로 싹뚝 잘라
기분 좋은
오돌도톨한 突起
海蔘처럼 초고추장에 푹 찍어
질긴 힘줄 씹듯 질겅질겅 몇 번 대충 씹더니

또
아—— 하세요 해서
우—— 하니까
French kiss
뜨거운 한숨 푹푹 몰아쉬며
뜨겁게 내 입속에 뱉어
밀어 넣어 주며 김소주 씨
이거 당신 거예요
꼭꼭 씹어 삼키시고 식후 30분마다 이 약
오늘밤에 거기서 알았죠?
4,000원 되겠습니다
한다

생각나시면

늘 하시던 대로
여가를 선용해서 딸딸이라도 치시고

제발
제 항문에만은……

우우……
벙어리처럼.

반성 551

착의의 마야처럼
몸에 꽉 달라붙는
얇은 옷을 입고
하나 둘 하나 둘
몸통 운동하는 몸통들
괴슴츠레한 色燈 아래
色燈 같은 눈만 걸어 놓고
몸통 운동하는 몸통들
꿈틀거리는
토르소의 밤

몸은 무얼 담는 통인가

머리도 손도 발도 필요 없는
꿈틀거리다가 별안간 튕겨 올라
파르르 파르르 떨고 있는
흑흑 흐느껴 우는
신기한 몸통들

모든 감각 기관은 완전 개방되어

자극받을 준비를 완료해 놓고
쪽쪽 빨듯

그 모든 체계적이고 논리적인
전후좌우와 순서를 매도하는
카오스의 밤
뒤섞임과 뒤얼킴 속에서 뒤틀림 속에서
뒤집혀진 눈 까뒤집혀진 뒷구멍
뒤집혀진 모든 구멍
뒤집혀진 그 모든 구멍을 뒤지는
투명한 손과 혀
출렁이는 파도처럼 경련하는 몸통의 아랫배
타타타타타타타타타타타타타타타탓
오토바이 소리 내는 껍질 가죽 벗겨진 빨간
징그러운 몸통들
··························中略··························

나는 그러한 밤을
자주 본다.

반성 545

죽지 않고 살았으면
다행

재수 없이 죽으면
불행

재수 없이 죽어 가면서도
나는 결코
불행이라고 생각지 않으리라

천우 신조하여 살아남으면
나는 그걸 뭐라고 표현할까

그냥 〈술〉이라고 말해 두자.

반성 546

나는 너의 노리개가 되고 싶다
노리개가 되어
너에게 의지하고 싶다
너의 走狗가 되어
밥을 얻어먹고 술을 얻어먹고 싶다

연옹지치라도 감수하며
구슬 같은 땀방울을 흘리고 싶다
돈 많은 유한부인인 너의 개가 되어
섹스 노리개가 되어
하룻밤의 지친 육신을
너의 지붕 밑에 뉘고 싶다
나는 너의 뱃속에 들어가
너의 기생충이 되고 싶다

반성 818

아리랑도 행진곡풍으로 편곡해서 연주하니까
나를 버리고 가시는 님도 에잇
지긋지긋했던 것 꺼져 버려 속 시원하다
십 리도 못 가서 발병이나 나라 합리적으로
다 그렇고 그런 게 아니냐고 합의 이혼처럼
피차 격려해 주며 고성방가
즐겁게 자축하는 노래 같다

지긋지긋함에 상당한 저주와 욕설을
퍼부우며
그래도 피차 그리운 척
안타까운 척
인사는 하자는 것같이
의전적으로 체면상

원망도 없이
청천 하늘엔 잔별도 없이
우리네 가슴엔 수심도 없이.

반성 826

아침에 일어나 보니
아래위 턱이 맞지 않는다
소위 아구통을 맞아서 그렇다

아래위 짝이 꼭 맞아야 하는 게 또 뭐가 있을까
맞지 않는 윗니 아랫니로 깻잎을 씹다 보니

킥킥
맷돌 위짝에 맞아죽은 놈*
생각

나쁜 놈은 참 재미나게도 죽는데
나는……

살아야겠다는 일념만 있는
의지의 한국인처럼
천신만고 끝에 밥을 먹고 나서

극기 복례하여 오래간만에
연탄불 아래윗 구멍을

정확히 맞춰 갈았다

요즘 사내들 제 아내하고
아래 위 잘 맞추고 사나

자기가 안 맞으니까 별 참견 다 한다고
또 한 방 아구통을 맞을 것 같다

어제는 술 마시고
괜히 맞았다 괜히 아무나 때리고 싶다는 놈한테
그럼 한 번 때려 보라니까
정말 때렸다

누구든지 네 오른편 아구통을 갈기면
왼편 아구통도 돌려 대라
킥킥
나는 웃고 있었는데
그는 글쎄 나를 붙들고 엉엉
울고 있었다.

* 구약성서 사사기 9 : 53.

반성 827

  한쪽 끈이 끊어진 슬립퍼를 끌고
  아기죽 아기죽 아기족 아기 족족 시온의 딸같이 모가지 늘이고 정을 통하는 눈으로 발로 쟁쟁한 소리를 내는 음분한 유혹하는 순 탕녀 요부 여자 또라이*같이
  변소에 들어가 조심조심 조심한답시고 살살 자세를 잡으려 돌아앉으려다가
  에휴……
  똥통 속에 한 짝을 빠뜨렸다.

  어머니도 신고 형도 신는 슬립펀데
  나는 막대기를 들고 엎드려
  꺼내 놓았다
  우주의 아득한 변방의 오지 같은
  어느 깊고 깊은 썩은 사나이의 심오한 사상 같은
  재래식 변소

  X자로 엮어 네 귀퉁이를 꿰맨 슬립퍼
  그 중 한 귀퉁이가 뜯어진 왼쪽 슬립퍼

  그런데 내가 빠뜨린 것은
  오른쪽 슬립퍼였다.

비누로 깨끗이 씻어 냄새 맡아 보며 부뚜막에 세워 말리면서
그러면
뜯어진 걸 꿰맬까
아니면 한 짝마저 뜯어 버릴까.

그랬던 것이냐
떠나간 내 아내야.

잠시 생각했다.

* 구약성서 이사야 3 : 16에서 전용.

반성 828

TV엔 아시안 게임
110kg급 용상 역도 경기에 나와 195kg 들다 실패한 콧수염 기른 배불때기
이락 선수를 보더니
지랄하고 교만 떨더니 떨어뜨리네 하며
어머니는 또 깔깔깔 웃으신다

교만스럽게 생긴 것하고
무게를 못 드는 것하고는 무슨 관계가 있는지 모르지만
나도 깔깔깔 웃었다.

52kg에서 48kg에서 38kg까지 떨어졌던
나의 체중

나는 교만하고
그리고 우습다
깔깔깔.

반성 553

洪秀煥, 아니 洪秀全은
하필이면 왜 예수 동생이라고 했을까
홍수환은 그래도
엄마, 나 참피언 먹었어! 했는데

시간만 늦었지
이 깊지도 않은 깊은 밤
길가에 소주병을 깔구 앉아 엉덩이로 슬슬
굴리며
생각해 보니 ─

好色漢의 牝鷄呼雛式 · 情婦 · 誘惑 · 糾合 · 募集 · 列兵 ·
分列 ── 法

뭐 이따위 말이 다 있나?
내가 만들어 써 놓은 말인데도
써 놓고 나니까 부화가 치민다

암탉이 병아리를 부르듯
그저 낮은 소리로 구구 하기만 하면

먹이를 먹다가도 기겁을 해서 날개짓 치며 달려오는
병아리떼들
・・・・・・・・・・
情婦로는 더할 나위 없는
・・・・・・・
드 마렐 夫人*들

생각하면
기다림 그 시간의 間隙이 없는
卽自의 指呼之間에 사는

그래
당신들은 너무 좁은 시간
좁은 공간 속에 밀착되어
갇혀 있다.

* 모파상의 〈벨 아미〉에 나오는 여인으로서, 북부 철도 감독관의 처. 애칭 클러. 죠르쥬 뒤루와의 처음부터의 애인. 남편의 눈을 속여 가면서 매일같이 뒤루와와 밀회함.

반성 676

내가 그대의 性器를 처음 본 것은
지리상의 발견처럼
淸敎徒的인 淸貧한 기쁨이었다

그곳에 살았던 인디안을 몰아내고
나는 아마도 즐거워했을 것이다

왜 그 모든 사랑엔
피 냄새가 나는가
왜 殺戮의 이미지가 있는가.

그대는 다시 돌아다니는가
우글우글 인디안 다시 불러들여
reservation 만들어 놓고.

반성 685

아무리 아득할 만한 고통이라도 결국
내 이 한 젓가락도 안 나가는
육신 안의 것이 아니냐
까무라칠 것 같은 황홀한 쾌락도
내 이 한 젓가락도 안 나가는
육신 안의 것이 아니냐
두 가지 다 참을 수 있는 게 아니냐
車에 치어 벌떡 일어나 뭐라고 뭐라고 뭐라고 몇 마디 한 뒤
금방 죽어 버린 그 머리통이 박살난 사나이처럼
교미가 끝나면 몰라몰라하며 죽어 버리는 그 숫놈 거미처럼

고통과 쾌락

이 두 가지 때문에 나는
무수한 형용사끼리의 박치기를 시키며
대가리 터져라,

대다수 열악한 영혼을 소유한

소설가들이 쓴 그 어설픈 소설처럼
무슨 얘기를 기록하고 무슨 세월을
만들어 내겠다고

〈痛快〉하다는 단어가 갖는
동물성 지방의 미끌거림만큼 선정적인
곰털 가죽 빤스 입은 털복숭이
원시인 여자가 본 부라자처럼
〈삶〉이라는 영계백숙처럼 삶아진
개념을 갖고 살고 있는
멍청한

지속적인 스트레스를 받은 흰쥐의 위장을
내시경으로 찍은 필름엔
충혈 충혈 충혈 뒤
팍!
모세 혈관 파열

출렁출렁
피범벅.

반성 699

어떤 호협활달한 마애석불과
술을 마셨다 그는 릴리프처럼
그의 배경에 파묻혀 딱 붙어 있다
김 형, 혹시 딸딸이 많이 쳐서 그런 것 아니요?
초췌하고 창백한 내 얼굴을 보며
그는 말했다
이 참혹한 시인에게 아란야*와 아미타 미인 군단을,
나무관세음보살 으하하하하하—
그는 웃었다 그리고
너무 과하지 마시오 그리고 그렇게 덧붙였다
오난** 존자처럼 나는 어디다 대고 찍찍 싸고 있는가
서서히 나의 어깨와 팔과 등과 머리가
벽에 잠긴다 반쯤 잠겨 나는
딱딱하게 굳는다 나의 표정도 은은한
미소로 굳는다 자기 자신에겐 엄격하고
타인에게 무한한 관용을 어쩌구저쩌구
미소 짓다 보면 꿈과 환상 속에
끊임없이 부드럽고 따뜻한 곳에 쏟지 못하는
나는.

나는
돌 속에 박힌 그 마애석불과
교대된다 감자탕집에 홀로 앉아
거울을 들여다보며 술을 마시다 보니
킥킥킥 웃고 있는 나를 보며 깔깔깔 보다 보다 할 수 없이
웃음을 터뜨린 젊은 주인 여자의 모습이 거울 속에 보인다
배를 쥐고 웃고 있는 허리 꺾인 모습이
온갖 번뇌의 화신 같은 요부처럼 간들간들
거울 속의 나를 녹인다 그러나……

결혼 안 하세요?
여자가 묻는다.

킥킥, 결혼?
나는 딸딸이에 도가 튼 놈이요.

* 阿蘭若 āranya. 세속과 떨어져 있어 도 닦기 좋은 조용한 곳을 가리키는 말로 閑靜處 또는 遠離處 등으로 번역된다.
** Onan. Gen. 38 : 9.

반성 702

국제 원유가 하락에 편승해
소주 1배럴에 20원 하는
요순 시대가 도래한다면
소주는 죄 지은 자에게 벌주는
액체가 될까

소주 40만 배럴에 처한다, 딱딱딱
판사는 선고하리라

유조선에 소주를 가득 싣고
교회의 성찬식엔 두당 소주 한 말로 하는 게 아니냐

숙제 안 해 간 땡땡이 국민학생들
벌주 마시고 집에 가며 한 많은 이 세상 농땡이 못 쳐서 못 살겠네
주정하는 게 아니냐

그런 요순 시대에
소주를 마시고 兎脣이 되든 大陰脣이 되든
一聲胡笳에 애를 끓이는 이순신 장군이 되어

거북선을 피우든

그러나 이런 妖術時代에도
술은 아직 벌이 아니냐

2홉들이 소주 한 병에 400원 하는
요즘도

피고 김영승에게
소주 5병을 선고한다, 짝짝짝
판사는 따귀를 때리고 있는 게 아니냐

검사는 7병을 구형하고
변호사는 한 잔도 부당하다고
우기고들 있는 게 아니냐

모범수로 네 병만 마시고 감형되어
다섯 병 형기 만료 전에 가석방되는 게 아니냐

그렇게 나는

쓰러지고 있는 게 아니냐
소주 같은 눈물 흘리며

그렇게 죽어 가고 있는 게 아니냐.

반성 703

'告祀行爲에 대한 기독교적 비판'이라는
리포트 작성을 문의하러 온 서울神大 3年 金珍珠 양에게
구약, 신약, 엘리아데, 탈레스
K. 융, 다신교, 범신론, 범심론, 범털, 범아가리(虎口浦), 範行이(친구), 영어, 독어
라틴어, 희랍어, 주저리 주저리 갖다 붙이며
미친년처럼 잘났다까 봐
방언을 해 주고 나니까, 어?
고사 행위는 나에 의해서 정말로 기독교적으로 비판되어 버렸다.

삶은 돼지 대가리처럼
세례 요한의 머리통처럼
제 머리통 잘라 올려 놓고
일생 동안

무엇이 되기를 바래 비는 마음은
늘 비굴하고 겸허하고

제일 신난다.

오줌을 누다 보니
Phallicism

무너진 어깨 위에
푹 삶은 자지 한 토막과
위험, 사고 다발지역, 폭발물, 취급주의, 가위표 그려진 내 머리통
올려놓고 나도
신들려 춤을 췄지,
소주를 퍼마시고
巫堂처럼

꽝!

반성 704

밍키가 아프다
네 마리 새끼가 하도 젖을 파먹어서 그런지
눈엔 눈물이 흐르고
까만 코가 푸석푸석 하얗게 말라붙어 있다
닭집에 가서 닭 내장을 얻어다 끓여도 주어 보고
생선가게 아줌마한테 생선 대가리를 얻어다 끓여 줘 봐도
며칠째 잘 안 먹는다
부엌 바닥을 기어다니며
여기저기 똥을 싸 놓는 강아지들을 보면
낑낑낑 밍키를 보며 칭얼대는
네 마리 귀여운 강아지를 보면
나는 꼭 밍키의 남편 같다.

반성 706

당신은 한 번도 공포에 질려 까무라친 적도 없고
버스에 치어 즉사한 내 동생같이
두개골이 깨져 뇌수가 흘러나왔으되
의식은 말짱한 상태로

아, 그 아득한 절망의 장마
폭우가 쏟아진 흙탕물 속을
배 터진 붕어처럼 둥둥 떠내려갔던 적도
당신은 없지요.

그렇다면 당신은
나에게 경배하시오.

반성 712

金日成의 雅號는?
魁首
내 아호는……

怪獸 네스湖의
넷시는

주민등록 말소된 지 이미 오래라고
밝혀진 지 또한 오래건만
사람들은 아직도
넷시가 있었으면
하고 바란다

넷시는 이제 더는
怪獸가 아니기 때문이다

사나움도 거대함도
이젠 귀엽다

호랑이도 호돌이라는 애칭으로 불리우며

재롱을 떨고 있는데

그 맑고 깊은 湖水가의
너는.

Young-Seung, the magic dragon
lived by the sea and frolicked in
the autumn mist in a land
called Incheon* 아아 흑흑
驚天動地 龍虎相搏 그 琨玉秋霜의 猛虎도 영승아 영승아
심오한
영승아아아아아아아아아아아……

* Peter Yarrow & Leonard Lipton이 부른 pop-song 「PUFF」의 가사에
  서 轉用.

반성 717

 결혼을 한답시고 점잖다까 봐 어쩌구 하다가 다 끝장내고 나서 에 깨고 또 깰려고 깨어나 볼려고 보니까
 깨져 갖고
 뭘까 결혼식은 잘
 모르겠다

 그러니까
 결혼식만 두 달 보름간 했으면 좋겠다
 주례사는 국선 변호인 같은 어중이떠중이 한 네 명의 주례가 릴레이로
 달포만 하고

 주례가 지쳐서 옛날 얘기, 히죽히죽
 동화 구연할 때까지
 오늘의 요리, 내일의 날씨, 국민
 교육 헌장, 니기미 독립
 선언문

 나 제물포고등학교 578,697회 졸업생인데
 578,704회?

이 새카만 후배 놈이 까불어, 짜식이……
그럴 날이 있을까?
인간은 뭐 하나 제대로 꾸준히 지켜 나간 역사가 없다니까
역사가
나는 참 일생 동안 술을 마실 생각을 하니
깊은 숨 들이쉬고
가만히 주먹을 쥐어 보며
조국을 위해
비장해진다
무찌르고 말 테야
중공 오랑캐, 그 고량주 잘 먹는
새끼들.

반성 719

니가 먼저 내 똥구멍 핥아 주면
나도 니 똥구멍 핥아 주겠다

어쩔래
싫지?

내가 먼저 니 똥구멍 핥아 줄 테니
너도 내 똥구멍 핥아 줄 테냐

어쩔래
싫지?

아니면 그냥 똥구멍에 코 대고
냄새 맡기로 정할까?

나도 승질이 있는 놈이다
이판사판이니
너 핥고 나 핥자

이놈아

너 맡고 나 맡자
이 드러운 놈아

    (임마 조용히 해 임마
    영국 나라에서 국가 웬수 아니 국가 원수 대처 스님이
    아니 대처 수상이 온 날야 임마
    점잖은 아주머니가 오셨으니까 임마
    내 남부끄러워 참는다
    참자, 응?)

이런 날에 감개가 걸리니
감기가 무량하다
감개가 걸리니 감
기가 무량하니까
감개가 걸릴수록……

뭐 되는 게 없다.

반성 722

이거 어디서 났어?
그대는 왜 그걸 묻는가

머리통이 오이 꼭지같이 되어 버린 사나이가
파커 45 만년필을 갖고 있으면
이거 어디서 났어?

너어 이거 라면 세 봉지
이거 어디서 났어
눈이 휘둥그레져 갖고

천신 만고 끝에 마음씨 곱고 동정심 많은 여인을 만나
데리고 오면
저거 어디서 났어?

제 신랑감이에요 하면
저거 어디서 났어?

내가 갖고 있는 고물 guitar
에드문트 훗설의 현상학 원서

광주일보 특집부 기자 후배 박치정이 ANOC 총회에 취
재 갔다
프랑스 오랑캐한테 얻어다 준 Paris 1992 올림픽 마크가
찍힌
날씬한 라이터
이거 어디서 났어?

어디서 들었어?
어디서 봤어?

이 피
어디서 묻었어?

너어 이 상처 이거
이거 어디서 났어 새꺄?

깊은 밤
히히
자다 말고 곰곰 생각하다가 벌떡 일어나
제 마누라 음부를 보고

너어 이거
이거 어디서 찢어졌어,
갓난아이를 보고
이거 어디서 났어!

반성 576

장애물* 경주 하는 육상 선수들을 보면
불타는
킥킥 웃다가
훌쩍훌쩍 울었겠지

결혼을 하며
가족 계획을 하며
피임을 하며
콘돔과 피임약에
불륜을 즐기며

정충에겐
콘돔도 피임약도 장애물

참
다들 애쓰다 간다고

넘어져 있는 나를 보며
일어날 거야 어쩔 거야
빙그레 웃으며

아 글쎄
일어날 거야 어쩔 거야
라면 다 타뿌러?

* 佛陀는 그의 아들을 '羅睺羅 Rāhura'(장애물이라는 뜻)라 불렀다.

반성 588

아이누는 아이누어로 사람
에스키모는 에스키모어로 날고기 먹는 사람
호피는 호피어로 평화의 사람
피카레스크는 피가로의 눈을 뽑는 악당

사람은 한국어로 무얼까
날고기 먹는 사람은 한국어로 무얼까
평화의 사람은 한국어로 무얼까
영승이의 눈을 뽑는 악당은 한국어로 무얼까

영어로 불어로 독일어로
다 무얼까

예수의 말로
불타의 말로
에스페란토어로

그리고
너의 언어로.

반성 589

유자망이라는 그물에
아가미가 걸려 잡혀 왔다는
명태, 그 얼어붙은 동태를 보니

썩은 동태 눈깔 같은 눈을 뜨고 다니는
아가미 달린 새,
생전 보도 듣도 못한 아가미 달린
잠수 조류가 어딘가에
있을 것만 같이 생각된다

하늘을 날다가
물속에 빠져 아가미가 돋고
아가미 차고 헤매다가 그물에
아가미가 걸려
바둥거리는 새
그 해괴망측한 새

또는
천재를 사장시키고 중화되어
조직 사회의 일터를 유리하는

그 모든 비범인
그 위장된 통속인

앙상한 구호를 외치며 극기 훈련을 하는
얼어붙은 산천에서
가재를 잡는
광화문 한복판에서 자사의 사시를 외치며
담대성 훈련을 하는
출퇴근 시간의 전철 속에서
5분 스피치를 하는……

결국 악독하고 뻔뻔스럽고 악착스럽고 충성된
사람으로 세뇌당한 척해야 하는
개조 인간
그저 전체의 부분으로서의 일자
늘 유기체로서의 전체에 포함되어야만 하는
세포

아가미가 돋는 직립원인.

반성 602

나는 이제 〈술〉이라고 부르지 않겠다
〈절제〉라고 부르겠다.

어제는
〈절제〉를 무절제하게 마시고
뽀옹
입으로 방귀 뀌는 소리를 냈다

액체의 속성은 흐름이다
그리하여
액체는 다 무절제하다

물도 눈물도 땀도 정액도
그리고 술도 피도.

수도 꼭지처럼 자지(cock)를 달고
계량기를 달고

한 달에 한 번씩 검침하여
돈 받아 가라

눈물도 땀도
정액도.

반성 604

우리집 밍키는
초산 땐 여섯
두 번짼 넷을 낳은
중년 부인인데도
체구가 너무 작아 사람들은
아직도 강아지라고 부른다

초산 땐 아들 둘 딸 넷
두 번짼 아들 하나 딸 셋
도합 3남 7녀를 둔
열 자녀의 어머니인데도
아직 강아지라고 불린다

키가 아주 작고
소년처럼 초롱초롱한 눈을 가진
연탄 배달부 아저씨에게
레코드 로얄에서 내린 우람한
젊은이가 어중간한 반말이다

손가락으로 툭툭 밀면서 얘기하니까

세워 둔 연탄 리어카 있는 데까지 밀려간다
옆에서 보고 섰던
퉁퉁하게 살이 찐 그의 부인의 소매가
천천히 걷어 올려진다
그 굵은 팔뚝이 새까맣게 빛난다

차분히
연탄 한 장을 집어
대갈통을 내리칠 듯.

반성 608

어릴 적의 어느 여름날
우연히 잡은 풍뎅이의 껍질엔
못으로 긁힌 듯한
깊은 상처의 아문 자국이 있었다

징그러워서
나는 그 풍뎅이를 놓아 주었다.

나는 이제
만신창이가 된 인간

그리하여 主는
나를 놓아 주신다.

■ 작품 해설 ■

자조적 실존의 비극적 아름다움

이남호

1 천국 백성들의 소돔성 수학여행

　시집 『반성』은 한 1980년대적 백수(白手)의 일기장이다. 이 일기장의 주인인 김영승은 고교 때 이미 시를 발표한 적이 있으며 이후 자신의 참혹한 삶과 이 시대의 삶을 수천 편의 시와 여러 편의 소설 속에 기록하여 감추어 두고 있는 자로서, 그는 이 시집을 통하여 그 일부를 처음으로 노출하는 셈이다. 그는 대학원에서 철학을 전공하다가 중도에 그만두었으며, 현재 극도의 경제적 궁핍과 육체적 빈약 그리고 영혼의 결핍 상태에 있는 백수이다. 이 시인을 처음 만났을 때, 김성동이 『만다라』라는 소설에서 주인공 지산을 묘사한 대목이 떠올랐다. "말랐다. 노련한 칼잡이가 솜씨껏 재주를 부린다고 해도 한 근의

살을 발라내기 어려울 만큼. 철저하게 말라서 차라리 황홀한 육체", 이 말은 그의 육체와 정신과 경제에 모두 해당될 듯싶었다. 이 풍요로운 1980년대의 현실은 고도의 지성을 갖춘 한 백수에게서 이처럼 모든 것을 빼앗고 그 대신「반성」이란 시를 수없이 쓰도록 벌을 내렸다.

  1970년대 이 땅의 지도자들이 예언하였던 바. 우리의 1980년대는 역시 풍요의 시대다. 빌딩과 아파트가 즐비하고 자동차가 쏟아져 교통 체증이 부의 상징처럼 자랑스럽다. 그런가 하면 밤하늘을 붉게 장식하는 교회와 술집과 여관의 네온사인이 서로 다정스럽다. 고귀한 말씀과 고고한 지성이 넘치며 애국애족, 충효사상, 민주선언, 해방신학, 민중예술, 사랑과 야망, 노다지가 의식의 쇼윈도에 휘황찬란하다. 위선과 폭력도 공공연히 암거래된다. 1980년대 후반에 들어선 지금, 많은 사람들은 이 풍요를 찬양하였고 또 많은 사람들은 이 풍요를 저주하였다. 풍요에 대한 찬양과 저주의 논리마저 총천연색으로 풍요롭다. 그러나 이 모든 풍요로부터 소외된 백수에게는 이 세상이 소돔성과 흡사하다. 그것도 천국 백성이 수학여행 와서 본 소돔성이다.

    마귀들의 가장행렬이거나
    천국 백성들의 소돔성 수학여행 같은
    설레임과 들뜸의 삶의 세계
    선악과 미추와 성속을 초월하여

일부러 노력하여 병신이 되어 가는
　　〈나〉와 복수화된 〈나〉들의
　　〈섞음〉〈잠기기〉〈서로 닿기〉
　　〈그 밖에〉〈갑자기〉〈어처구니없이〉
　　〈비체계성〉〈흐트러짐〉〈제자리 찾아주기〉 등
　　　　　　　　　　　　　——「반성·序」

　천국 백성이 소돔성에 수학여행 온 것처럼 백수의 시인은 1980년대의 모든 풍요를 충격과 좌절 속에서 견학한다. 그 기행문이 또한「반성」이다. 이 풍요의 세계에서 사람들은 일부러 노력하여 병신이 되어 간다. 풍요의 홍수에 넋 놓고 떠내려가려면 병신이 되지 않을 수 없다. 그러나 시인은 이 풍요에 참여하지 못하고 그래서 병신이 아니다. 그 대신 그는 "축소지향의 불문율에/ 냉철한 깨어 있음 속의 인사불성을 연출하는/ 이성적 존재"이고자 한다. 여기서 불문율이란 상식적인 인간의 도리일 것이다. 그 상식이 점점 통하지 않는 세계 속에서 깨어 있으려는 인간, 즉 병신이 되지 않으려는 인간은 결국 인사불성을 연출하는 것이나 다름없다. 시인은 이러한 인사불성의 상태로 소돔성을 수학여행 하듯 우리들의 무서운 풍요를 살핀다. 그리고 그 풍요에서 소외당할 수밖에 없는 자신의 한심한 꼴을 살핀다. 그리하여 우리 시대 "어디든/ 빨래처럼 널려 나부끼는/ 열악한 육체와 영혼의 평면도"를 그린 것이 시집『반성』이다. 이것은 훌륭한 시적 재질과 고도의 지성을 가졌으면서도 모든 경제적, 이념적, 도덕적 풍요로부터 소외당한 1980년대적 백수만이 할 수 있는 작업일 것이다.

2 내가 인정할 수 있는 서정시

시집 『반성』은 「반성 · 序」라는 제법 긴 서시(序詩)를 앞세우고 나머지는 모두 일련번호를 붙여서 나열하였다. 시인은 이 「반성 · 序」에서 「반성」이라는 연작 시를 쓰게 된 동기와 그 내용 그리고 성격 등을 밝힌다. 즉 소돔성으로 수학여행 가기 전에 발표하는 출사표(出師表)와 같다. 이 시는 마치 철학 리포트 같아 지적 훈련이 상당한 사람이 아니면 해독하기 어려운 어휘들이 난무한다. 전통적인 서정적 어휘에 익숙해 있는 시인이나 '민중과 더불어'라는 구호 아래 창가(唱歌)를 짓고 있는 시인들은 당황해 보라는 바람직한 오만이 깔려 있다. 그러나 문제는 그 오만이 아니라 마치 말장난 같은 그 관념어들의 조합이 만들어 내는 의미에 있다. 그것은 우리 시대의 미묘한 논리들을 기하학적인 정확성으로 언표한다.

이 시 대부분의 연은 세 가지 종류의 어휘로 마감된다. 명사와 '대해서', '위해서'가 그것인데, '대해서'로 끝나는 연은 「반성」이라는 시의 대상이 무엇인가를 말한 것이고 '위해서'로 끝나는 연은 「반성」이라는 시를 쓰게 된 이유를 말한 것이다. 그리고 명사로 끝나는 연은 「반성」 이라는 시를 필요로 하는 세계와 시인의 상황에 대한 진술이라고 볼 수 있다. 우선 그 상황 진술을 두어 군데 살펴보면,

1) 분쇄된 자아(또는 의식)으로 도금된 분쇄된 세계(또는 대상)의
   소유주 떠난 단자들
   자아(또는 의식)의 편린이 묻은 세계(또는 대상)의 편린
   그 비가시적 부유물질

2) 고등한 우주 무기를 갖춘 자들의 파상공격에 속수무책인
   입체적 사고능력이 저열한 자들의 쩔쩔맴

3) 〈어깨를 겨룬다〉는 동물적 어휘의 잔재가 남아 있는
   원숭이 우리 앞에 선
   원숭이

등등이다. 1)은 원래 모습과 질서를 상실한 상황에 대한 진술이다. 시인은 우리가 살고 있는 이 세계를 조각난 것으로 파악하고 자아의 조각이 묻은 세계의 조각들이 아무렇게나 무질서하게 떠다니고 있음을 말한다. 2)의 경우,

파상공격이란 예를 들어 매스컴의 폭력, 제도적 폭력, 이념적 폭력 등으로 이해할 수 있으며, 그 폭력에 속수무책인 대중 혹은 소시민들의 자기 상실을 뜻하는 듯하다. 그리고 3)은 고도의 문명사회를 형성하고 있는 듯하지만 실제로는 비인간적 야만에 익숙해 있는 오늘날의 인간들은 우리 속의 원숭이와 다를 바 없고 그들을 관찰하고 있는 시인 자신 또한 한 마리의 원숭이라는 뜻이다. 이러한 식으로 진술되는 상황은, 요약되기 불가능하지만 그래도 그 특징을 지적해 본다면, 세계의 균열과 자아의 상실인데 이러한 제반 현상은 거의 설명이 불가능하다는 것이다. 어쨌든 이런 상황 속에서 목격되는 어처구니없는 현상들에 대해서 시인은 반성을 하고자 한다. 가령 "개체성을 상실한 다수의 전체로서의 의식과/ 오도된 상호주관성에 대해서" 혹은 "본질적으로 특수성으로 귀일하여 그 자체로서의 정합을 저해하는/ 외부적 압박에 대해서" 반성을 하고자 하며, 또 다음과 같은 인간군에 대해서도 반성하고자 한다.

  1) 악적 필요성에 의해 양산되는 취약한 인간들이
     자기방어적으로 분비하는 독성물질에 의해
     자가중독에 빠진 거대한 연체동물에 대해서

  2) 공인된 폭력을 자행하는 자들의
     한 대 쥐어박음에 대한 긴급조치로

        실제의 고통보다 더 과장하여 낑낑거리며
        불쌍하게 보이려 지적 활동을 하는
        내 시계 속의 나의 이웃에 대해서

    3) 자기자신과 타인을 자기자신을 위한
        정신적 육체적 팔일무를 추는 존재로 상정하는
        오락적 인간에 대해서

 우리 주위에서, 혹은 우리의 내부에서 발견되는 인간의 모습을 재미있게 표현하고 있다. 1)은 생활이나 현실이라는 명목 아래 악의 하수인이 되어 줏대 없이 살아가고 있으면서 그러한 자신을 인식하지도 못하는 인간들을 지칭한다. 아마도 우리 사회 대부분의 사람들에게 해당될 것이다. 2)는 타인의 연민과 동정을 이용하여 좀 더 이득을 보려는 간사하고 치사한 인간들을 지칭하는데 그 예로서는 진정한 민중주의자가 아닌 상업적 민중주의자를 들 수 있겠다. 3)은 1)이나 2)의 삶을 조장하는, 소위 가진 자들의 어떤 속성을 지적한다. 이들은 자신이나 타인을 모두 자신의 권위를 위한 수단으로만 생각한다. 팔일무(八佾舞)란 옛날 중국의 주(周)나라 때 여덟 사람이 여덟 줄로 늘어서서 추는 춤으로 천자(天子)의 권위를 상징한다. 그러니까 이들은 자신의 권위 과시를 위해서 인간을 오락의 대상으로 여기는 사람들이다. 이처럼 시인은 개체의 본래 모습을 말살하는 압력을 여러 가지 시섬에서 관찰하고 반성하고자 한다. 왜곡과 그 왜곡에 대한 반응이 새로운 왜곡을 또 조장하는 복잡한 현상을 입체적으로 사유한다. 이제 현실의 뒤틀림은 워낙 복잡한 자장 속에 있기 때문에 입체적 사유가 아니면 제대로 파악되지 않는다.

이러한 입체적 사유로 복잡하게 얽힌 현실을 반성하는 것은 결국 현실의 뒤틀린 모습을 조망하여 그 잘못의 맥을 짚고 나아가 "인간의 지극한 개체적 자유와 존엄성을 위한/ 인간과 인간의 완벽한 관계해소"에 이르기 위한 몸부림이다. 그 관계해소는 인간이 원래 지니고 있던 개체성의 회복과 같다. 그래서 다음과 같은 구절에서 반성하는 시인의 궁극적 지향점을 짐작할 수 있다.

    너무나 많은 것을 상실한 자의
    완전수렴의 꿈
    자기동일성 회복을 갈망하는 자들의
    갱생자립을 위해서

"마귀들의 가장행렬" 같고 "소돔성" 같은 이 세계에서 사람들에게 자기 발밑의 나락을 보여 주고 그로써 사람들을 갱생자립시키기 위해서 오늘날의 시는 어떠한 모습이어야 하는가? 이러한 물음에 대한 시인의 해답은 「반성」과 같은 시이다. 그래서 일반적인 안목으로 볼 때 상당히 당혹스러운 시임에 틀림이 없는 「반성」을 시인은 "내가 인정할 수 있는 서정시"라고 스스로 규정하고 있는 것이다.

이와 같이 시인은 「반성·序」에서 오늘날의 세계를 간단히 개관하고 무엇을 어떤 식으로 반성해야 하는가를, 즉 한마디로 말해서 「반성」이라는 시가 갖는 의의를 독특한 방식으로 제시한다. 그러므로 이것이 난해한 어휘들의 난삽한 조합이라 생각될지라도 꼼꼼히 읽어 두어야 할 필요가 있다. 그러면 여기서 제시된 우리 현실의 조감도가 매우 인상적인 것임을 알게 될 것이고 아울러 시인의 현실 투시력과 의미 표현 능력에 신뢰를 하게 될 것이다.

　그러나 「반성·序」에서의 현실 조감법은 추상적이고 관념적이다. 그것은 현실의 특징적 모습을 기하학적 정확성으로 그려 낸 추상이긴 하지만 역시 추상적 인식에 머문다. 문학은 추상적이기보다는 구체적이어야 하며 인식보다는 감동이 선행해야 한다. 그래서 본격적인 「반성」은 「반성·序」와는 전혀 다른 시적 화법으로 전개된다. 극히 일상적인 체험에 약간의 상상력을 투입하여 아주 평이하게 진술한다. 그래서 얼핏 보면 평범한 일상의 넋두리 같기도 하다. 그러나 그 평이성은 고도로 계산된 것이며 절묘하게 다듬어진 것이다. 누구나 쉽게 체험할 수 있는 내용을 신선하게 환기시킬 뿐만 아니라 그 환기의 과정에서 스스로 살아감의 난처한 부끄러움을 느끼게 만드는 시인의 꼼수는 탁월하다. 그런데 이 꼼수만 가지고 시적 감동이 만들어지는 것은 물론 아니다. 그 이전에 시인의 맑은 정신이 전제가 되어야 한다. 시인의 정신은 이 소돔성 같은 세계에서 마치 천국 백성과 같은 순진함을 지녔다. 이

순진함은 어리석은 순진이 아니라 지혜를 가진 순진이다. 왜냐하면 추악하고 뒤틀린 현실의 내부를 속속들이 훔쳐보기 때문이다. 시인은 이처럼 탁월한 꼼수와 지혜를 가진 순진함으로 무장하고 반성의 길을 떠난다. 「반성·序」에서 잠시 추상적으로 맛보여 준 한심한 삶의 꼴을 이제 구석구석 구체적으로 보여 주기 위해서이다. 그 여정의 몇 군데를 골라 따라가 보기로 하자.

3 그들에게 잘 보여야 살 수 있다

시인은 우선 세계의 풍요를 본다. 그 풍요는 거짓과 폭력과 무질서와 타락의 풍요이다. 수단과 방법과 염치를 생각지 않고 타인을 억압할 수 있는 자만이 참여할 수 있는 풍요이다. 다음 시는 우리 시대에서 풍요의 유통이 어떤 식으로 이루어지는가를 재미있게 보여 준다.

건너 테이블엔 두 사나이가 앉아 있었다. 한 사람은 목에 힘을 준 채 나직이 말하고 있었고 한 사나이는 숙연히 듣고 있었다. 그들은 여자 하나를 놓고 폭력을 주고받은 선후배 간이었다. 야 임마, 영국 수상까지 지낸 윈스턴 처칠이 왜 그 수많은 유태인을 죽였냐? 선배는 그렇게 말했고 후배는, 예 잘 알고 있습니다, 그렇게 말했다. 뚝배기 속의 순대와 돼지 허파를 젓가락으로 뒤척이며 그 여자를 생각했다. 영국과 독일과 윈스턴 처칠과 히틀러가 순대와 돼지 허파처럼 섞였어도 먹을 만하면 그냥 먹어 버리는 그 여자의 식성을 생각했다. 두리뭉실 배고프면 먹어 버리는 우리네를 생각했다. 맛있게 잘 먹고 또 소주를 마시고 있는 배고픈 나를 생각했다.

——「반성 71」

평범한 소주 집의 풍경 묘사 속에는 현실 비판이 엉큼하게 숨겨져 있다. 두 사나이의 테이블은, 겉으로는 평화롭고 질서가 잡혀 있다. 선배는 진지하게 충고하고 후배는 공손하게 수긍하니 말이다. 그러나 그 질서는 터무니없는 질서다. 왜냐하면 서로가 주고받은 말의 의미가 전혀 무질서하기 때문이다. 여기서 시인은 우리 사회의 위장된 질서와 그 이면에서 그 위장된 질서를 강요하는 터무니없는 논리의 폭력을 발견한다. 그리고 그 터무니없음이 현실을 장악하고 있음을 본다. 이러한 위장된 질서의 사회에서 풍요롭게 살 수 있는 자는 그 여자와 같이 선후배, 앞뒤, 논리 등을 따지지 않고 두루뭉술 많이 차지해 버리는 자이다. 선후배 간에 싸움이 일어나더라도 그건 상관하지 않는 자이다. 이런 무질서 속에서는 세 사람 모두 공범이니 누구의 잘잘못을 따질 수도 없다. 다만 그 무질서에 참가하지 못하는 시인 같은 사람만 배고플 따름이다.

우리 삶의 질서가 이러하기 때문에 시인은 질서를 잘

지키는 사람을 보면 오히려 두렵다. 진실이 없는 것이 확인된 판에서 진실을 강조하는 자는 그만큼 더 못 믿을 사람이다. 시인은 「반성 187」에서, 무릎 꿇고 정신 가다듬어 다도나 주도를 찾는 사람을 보고 "차 한잔 술 한잔 놓고/ 그렇게 부지런한 사람들이/ 나한테 그 무슨 오도방정을 또 떨까"라고 지레 겁을 먹는다. 이러한 시인의 진술이 우스운 것이면서도 그럴듯하게 들리는 것은 우리 사회의 질서나 논리가 그만큼 거짓이기 때문이다.

그리하여 삶의 표면을 장악하고 있는 질서가 그렇게 엉터리라면, 그 질서를 지키는 당연하게 보이는 행위가 실제는 엄청난 폭력이 된다.

> 동네 사람들과 함께 무너진 언덕길을 닦았다.
> 삽질을 하는데 회충만 한 지렁이가
> 삽날에 허리가 잘려 버둥거린다.
> 지렁이는 재수 없이 당했다.
> 사람들은 다만 길을 닦았을 뿐이고
> 지렁이는 두 동강이 났을 뿐이다.
> 모두들 당연한 일을 하는데
> 땅속에 묻혀 보이지도 않는 지렁이.
> 모두들.
> 국토분단이 재미있다.
> 두 동강이 나고도 각자 살아가는 지렁이
> 붙을 생각 아예 없는 지렁이.

자웅동체, 자급자족
섹스 걱정 전혀 없는
지렁이
지렁이
재미 보는 지렁이.

—「반성 193」

  사람들이 무너진 동네 길을 닦는 것은 이 사회의 질서를 위한 것으로 좋은 일이다. 그러나 그 질서에 동참하지 못하는 지렁이 혹은 지렁이 같은 사람들에게 그것은 허리가 잘려 버리는 일일 수도 있다. 지렁이같이 불쌍한 사람들은 이 사회의 질서를 위해서는 희생되어도 어쩔 수 없다는 현실을 은근하게 꼬집는다. 근래의 우리 시에서 지렁이는 흔히 핍박받는 사람들의 은유로 사용되곤 하였다. 그 시들이 보여 주는 상상력이란 '지렁이도 밟으면 꿈틀한다. 그러니 함부로 구둣발 놀리지 마라.' 정도가 고작이었다. 이 시도 지렁이를 핍박받는 사람들에 대한 은유로 사용하고 있지만 그 상상력의 수준은 사뭇 다르다. 아주 은근하게 지렁이의 억울함을 말하고 있지만 그 강도는 더욱 세고 또 억압하는 힘의 속성도 보다 세련되게 드러낸다. 시인의 상상력은 여기서 멈추지 아니하고 분단에까지 미친다. 남북이 서로 겉돌고 있는 우리의 통일 문제를 "붙을 생각 아예 없"이 각자 "재미 보는 지렁이"라고 장난스럽게 말하고 있지만 여기에는 날카로운 비꼼의 서슬

이 푸르다. 어쨌든 이와 같은 허위의 삶 속에서 어떤 사람들은 마치 코끼리같이 육체의 무게를 주체 못 하며 먹이를 찾아다니느라 발바닥에 두꺼운 굳은살이 박혔는데 또 어떤 사람들은 입술과 유방과 성기에만 굳은살이 생기는 삶을 살고 있다(「반성 163」). 지렁이가 죽든 말든 코끼리 발에 굳은살이 얼마나 되든 그것과는 상관없이 세계는 없는 것이 없고 모든 것이 풍요롭다. 단 이 풍요에 동참하기 위해서는 좀 다르게 살아야 한다. 시인은 「반성 156」에서 "그 누군가가 마지못해 사는 삶을 살고 있다고 할 때/ 그는 붕어나 참새 같은 것들하고 친하게 살고 있음을 더러 본다."라고 말한다. 세상의 풍요에서 소외된 자들이 자신의 외로움을 함께 나눌 사람을 찾지 못함은 당연하다. 그래서 그들이 참새나 붕어와 같이 한심한 것들하고 친해짐 또한 당연하다. 거기에는 최소한의 정직과 순수가 있기 때문이다. 그러나 정직과 순수를 가지고서는 언제나 "마지못해 사는 삶"을 살 수밖에 없다. 세상은 정직과 순수를 바보스러움이라 규정한다.

그래서 시인은 다음과 같은 눈물겨운 깨달음을 얻는다.

> 그 누구를 사랑한다는 것도 사실 끔찍하게 서로 다르다.
> 한 사람을 용서한다는 것도
> 살벌할 만큼 다른 의미에서 거래된다.
> 그들에게 잘 보여야 살 수 있다.
>
> ──「반성 156」 부분

사랑과 용서 같은 순수한 어휘들마저 엄청나게 다르게 사용되는 세계에서 살아남을 수 있는 길은 그 세계의 사람들에게 고분고분하는 일뿐이다. 그들에게 잘 보여야 살 수 있는 것이다.

4 선풍기를 발로 끄지 말자

그러나 시인이 그러한 눈물겨운 깨달음을 얻었다 하더라도 그것의 진짜 의미는 자기 삶의 반성이 아니라 세상에 대한 한탄이다. 시인의 순수한 심성은 그러한 세계에 원래부터 어울리지 않는 것이고 또 인간된 도리로써 그러한 세계로의 변신은 불가하기 때문이다. 시인은 차라리 "붕어나 참새 같은 것들하고 친하게" 지내는 삶을 선택한다. 아니 선택하는 것이 아니라 당연히 그렇게 된다. 「반성 704」는 시인이 기르는 개 밍키에 대한 이야기다. 밍키는 네 마리 새끼가 젖을 하도 파먹어서 그런지 어느 날 병이 들어 온갖 정성으로 밥을 끓여 주어도 잘 먹지 않는다. 그런 정황에서 시인은 다음과 같은 생각을 한다.

> 부엌 바닥을 기어다니며
> 여기저기 똥을 싸 놓는 강아지들을 보면
> 낑낑낑 밍키를 보며 칭얼대는
> 네 마리 귀여운 강아지를 보면

나는 꼭 밍키의 남편 같다.

——「반성 704」 부분

여기에서는 정말 붕어나 참새 같은 것들하고 친하게 지내는 시인의 순수한 심성을 읽을 수 있다. 이것은 뭇 생물에 대한 불교적 자비와는 다른 것이다. 시인이 스스로 밍키의 남편 같다고 여기는 것은 밍키의 병들고 구차한 모습 속에서 자신의 삶을 비춰 볼 수 있기 때문이다. 그러므로 시인의 밍키에 대한 사랑은 무엇보다 설움과 누추함 속에서 소박하게 살아가는 삶에 대한 동병상련이라고 할 수 있다. 시인의 이러한 마음은 다음과 같은 시에서보다 아름답게 혹은 따뜻하게 표현된다.

연탄장수 아저씨와 그의 두 딸이 리어카를 끌고 왔다.
아빠, 이 집은 백 장이지? 금방이겠다, 머.
아직 소녀티를 못 벗은 그 아이들이 연탄을 날라다 쌓고 있다.
아빠처럼 얼굴에 껌정칠도 한 채 명랑하게 일을 하고 있다.
내가 딸을 낳으면 이 얘기를 해 주리라.
니들은 두 장씩 날러
연탄장수 아저씨가 네 장씩 나르면 얘기했다.

——「반성 100」

이처럼 삶의 아름다운 모습은 풍요의 세계에서보다 결핍의 세계에서 발견된다. 연탄장수와 두 딸의 무심한 대화 한마디가 마치 먼 나라의 동화처럼 아름답다. 사실 이러한 삶의 모습은 지극히 당연하고 평범한 것이다. 그런데 그것이 먼 나라의 이야기처럼 아름답게 들려 시인은 자기 딸에게까지 이야기해 주겠다고 생각하는 것은, 우리의 현실이 이러한 당연한 삶과는 너무나 거리가 멀기 때문이다. 가난과 부녀 간의 사랑은 아무 상관도 없는 것이지만, 현실은 가난한 자들에게 최소한의 인간적 삶도 허락하지 않으려 한다. 이 점을 뼈저리게 느끼고 있는 시인인지라 그 아름다운 풍경에 한없이 반가워하는 것이다.

이 세상에 존재하는 모든 것은 다 존중되어 마땅하다. 인간은 말할 것도 없고 물건까지도 존재란 존재는 모두 소중한 것이다. 그러나 오늘날 사람들은 아무것도 소중하게 여기지 않는다. 심지어 사람까지도 멸시당한다. 가난하고 착하다는 이유만으로 폭력을 당하기까지 한다. 다음은 이러한 사정을 극단적으로 보여 준다.

    함박눈이 펑펑 쏟아지던 날 밤
    너는 왜 그 순결함을 더럽히게 했냐
    왜 눈 위에 나의 핏방울로
    술 취한 나의 핏방울로
    너를 절대로 해치지 않는 나의 핏방울로

너의 그 고운 이름을 써 놓게 했느냐.
                              —「반성 744」 부분

  시 속에서 시인인 나는 너로부터 아무런 이유도 없이 연탄집게로 얻어맞았다. 눈 오는 밤이었기 때문에 나의 핏방울이 눈 위에 떨어졌다. 이런 상황에서 시인이 독백한 것이 위의 인용 구절이다. 시인은 항의한다. 절대로 상대방을 해치지 않는 나를 너는 왜 이유도 없이 때렸느냐고 항의한다. 그 폭력은 순결하기만 한 눈 위에 피를 뿌린 것만큼이나 부당한 것이라고 항의한다. 그리하여 마지막 구절인 "너의 그 고운 이름을 써 놓게 했느냐."라는 데서는 섬짓한 분노를 역설적으로 드러내고 있다. 하얀 눈 위에 뿌려진 자신의 붉은 피를 보고 시인은 가해자의 치 떨리는 이름을 기억해 두는 것이다. 그러나 이러한 억울함은 시인을 폭력으로 몰고 가는 것이 아니라 오히려 시인의 사랑을 성숙시킨다. 시인은 모든 순수가 터무니없이 멸시당하는 삶을 부정하기 위해서 선풍기마저 함부로 끄지 말 것을 스스로 다짐한다. 「반성 743」에서 시인은 그동안 선풍기를 발로 끈 것에 대하여 선풍기에게 미안한 마음을 느낀다. 선풍기는 자기에게 좋은 일만 해 주었는데도 불구하고 자기는 "너무나 착한 짐승의 앞이빨" 같고 "무릎 위에 놓인 가지런한 손 같은" 그 스위치를 발로 껐으니 선풍기의 자존심이 상했을 것이라 생각한다. 이어서 시인은, 목사라는 사람들마저 "우리들 코에다 대고 까만

구두코로 이것저것 가리키며" 우리를 멸시하는 세상이지만 자기만은

> 선풍기를 발로 눌러 끄지 말자
> 공손하게 엎드려 두 손으로 끄자

라고 다짐한다.

5 잡귀 쫓는 부적 같은 내 반명함판 사진

세계의 풍요로부터 완전히 소외되어 이유 없이 멸시당하면서도 밍키의 남편이 되고 선풍기를 공손히 두 손으로 끄는 시인의 삶이 안주할 수 있는 공간은 어디일까? 한마디로 현실은 그런 공간을 허락하지 않는다. 그럼에도 불구하고 억지로 살아야만 하는 시인의 삶은 참혹하다. 그 참혹함은 우선 가난으로 나타난다.

> 두엄더미가 된 빤스를 갈아입으려고
> 나는 바지를 벗었다.
> 그리고 새 빤스를 입었다.
> 나는 곧 바지를 다시 입고
> 그렇게 또 한 달을 돌아다녔다.
> 나는 두 개의 빤스를 입고

가 보지 않은 곳이 없었다.

—「반성 1」

지난날 한 시인이 "가난이란 한갓 남루에 지나지 않는다"라고 노래한 적이 있었지만, 오늘날 가난이란 인간 조건의 상실이다. 가난 자체야 아무런 잘못이 아니라 하더라도 세상의 눈은 가난한 자 보기를 마당의 개똥 보듯한다. 오늘날의 가난이란 배고픔의 고통이라기보다는 멸시와 굴욕의 고통일 것이다. 위 시에서 말하고 있는 것도 인간답게 살지 못하는 굴욕감에 가깝다. 세상 사람들이 사람으로 취급해 주지 않는 것이다.

이거 어디서 났어?
그대는 왜 그걸 묻는가

머리통이 오이 꼭지같이 되어 버린 사나이가
파커 45 만년필을 갖고 있으면
이거 어디서 났어?

너어 이거 라면 세 봉지
이거 어디서 났어
눈이 휘둥그레져 갖고

—「반성 722」 부분

조그만 물건을 하나 가져도 세상 사람들은 의심하는 눈초리로 대한다. 그리고 가난한 자들은 세상의 그러한 눈초리에 스스로 위축될 수밖에 없다. 시인이 「반성 673」에서 "우리 식구를 우연히 밖에서 만나면/ 서럽다"라고 말하는 것도 이와 유사한 심정의 표현이다. 집 안에서 같은 입장의 사람들끼리만 있을 때에는 의식하지 않아도 되는 굴욕감과 위축감이 바깥에 나와 세상 사람들과 비교되면 새삼스럽게 되살아난다. 바깥에서 만나는 식구들의 모습이란 바로 자신의 모습이기도 하다. 최소한의 인간적 존엄성을 인정받지 못하는 삶은 이미 삶이 아니다. 삶이 아닌 삶을 살고 있는 자신은 없는 것이나 다름이 없다. 자신에 대한 이러한 자조적 인식은 다음과 같은 시를 낳는다.

> 집을 나서는데 옆집 새댁이 또 층계를 쓸고 있다.
> 다음엔 꼭 제가 한번 쓸겠습니다.
> 괜찮아요, 집에 있는 사람이 쓸어야지요.
> 그럼 난 집에 없는 사람인가?
> 나는 늘 집에만 처박혀 있는 실업잔데
> 나는 문득 집에조차 없는 사람 같다.
> 나는 없어져 버렸다.
> ——「반성 99」

옆집 새댁의 무심한 말꼬리를 물고 전개되는 시인의 자조적 인식 속에는 평소 사람 대접을 받지 못하는 데 대한 억울함과 서글픔이 깔려 있다. "나는 없어져 버렸다"는 말은 다시 말해 이 세상이 자기 몫의 삶을 전혀 허용해 주지 않는다는 말이기도 하다. 이런 삶도 아닌 삶 속에서 시인은, 김일성의 아호가 괴수(魁首)라면 자기의 아호는 네스 호의 넷시처럼 괴수(怪獸)가 되어야 하지 않을까 하는 생각까지 하게 되고(「반성 712」), 또 자신의 삶은 사랑도 이별도 죽음도 마치 "마루 때의 훠볼처럼" "밀어내기 하는 것 같다"(「반성 72」)는 느낌까지 가진다.

배울 만치 배웠고 아무에게도 해를 끼치지도 않건만 네스 호의 넷시처럼 괴수가 되어야만 하는 이 설명 불가능한 현실을 잠시 유보시킬 수 있는 방법으로 술이 있다. 그래서 그의 삶과 시에는 많은 술이 등장한다. 다음과 같은 시는 시인에게 있어서 술과 현실의 관계가 어떠한가 절묘하게 드러내 준다.

    친구들이 나한테 모두 한마디씩 했다. 너는 이제 폐인이라고
    규영이가 말했다. 너는 바보가 되었다고
    준행이가 말했다. 네 얘기를 누가 믿을 수
    있느냐고 현이가 말했다. 넌 다시
    할 수 있다고 승기가 말했다.
    모두들 한 일 년 술을 끊으면 혹시
    사람이 될 수 있을 거라고 말했다.
    술 먹자,

눈 온다. 삼용이가 말했다.
—「반성 21」

　세상의 강요에 의하여 삶답지 못한 삶을 살다 보니 스스로 괴수라는 생각이 들 뿐만이 아니라 이제는 친구들마저도 폐인이라고 여기게 되어 버렸다. 여기서 친구들이 하는 말은 모두 시인의 자신에 대한 생각이나 다름없다. 시인이 자신의 심정을 친구의 입을 빌어 표현했다고 볼 수도 있다. 이 시에서 친구들은 시인의 무절제한 술 때문에 폐인이 된 것처럼 말하고 있다. 그러나 실제로는 그렇지 않다는 것을 다들 알고 있다. 시인은 「반성 602」에서 자신에게 술이란 눈물이나 땀이나 정액이나 피와 마찬가지로 무절제한 것일 수밖에 없음을 말한 바 있다. 즉 시인이 삶에 대해 눈물 흘리는 일이나 술을 마시는 일은 동일한 의미를 갖는 것이다. 위의 시에서도 친구들이 술 끊으면 사람이 될 수 있을 것이라고 말하고 있지만, 문제의 핵심은 술이 아니라 그런 서글픈 이야기를 하도록 강요하는 현실에 있음을 모두들 알고 있다. 술 끊으면 사람 된다는 말은, 사람 대접을 못 받아 눈물을 흘리는데 그 눈물을 그치면 사람 대접을 받을 거라는 말과 같은 것임을 모두 알고 있다. 그래서 시인과 그의 친구들은 "술 먹자,/ 눈 온다"(반성 「21」)라는 삼용이의 말에 동의할 수밖에 없는 것이다.
　자기 자신을 무화(無化)시켜 버린 현실이라도 그 현실

을 벗어날 수 없는 시인은,

> 이력서엔
> 뒷간에 갖다 붙여 놓으면
> 왼갖 잡귀란 잡귀는 다 물러갈 것 같은
> 잡귀 쫓는 부적 같은
> 내 반명함판 사진
> 덜덜덜 떨리는 손으로 정성껏
> 결국 삐뚜로 붙여 놓고
>
> ──「반성 745」부분

그 이력서로 현실에의 진입을 시도하려 하지만 현실은 괴수를 좀처럼 받아 주지 않는다. 이에 시인은 자기소개란에 "나는 천재다"라고 쓸 것인가 혹은 "나는 미친 놈이다"라고 쓸 것인가 혹은 "나는 나는 갈 테야 연못으로 갈 테야 동그라미 그리러 연못으로 갈 테야"라고 쓸 것인가 망설이다가 결국은 그가 "그들에게 잘 보여야 살 수 있다"라고 말한 바로 그들을 향해,

> 더러운 놈들.

이라고 분노를 터뜨리고 만다.

6 자조적 실존의 비극적 아름다움

이상과 같이, 1980년대의 역설적 풍요가 만들어낸 백수 김영승의 「반성」은 참혹하다. 그 참혹함은 우리를 먼저 웃기고 이어서 울게 만든다. 온갖 충격과 자극이 또한 풍요로운 이 시대에서, 평범한 일상의 반성으로써 우리를 웃기고 울렸다는 점만으로도 김영승의 시는 주목된다. 그러나 더욱 주목되는 점은 그 반성이 우리 시대의 불가해한 제반현상을 입체적으로 조명하고 있다는 점이다. 그의 반성은 개인의 문제에서 집단의 문제로 관통하고, 주관적이면서 객관적이며, 가장 구체적인 사례이자 동시에 우리 시대의 보편적 범례라 할 만하다. 한마디로 그것은, 「반성·序」의 1연에서 시인 스스로 밝혔듯이,

> 언제나 그랬지만
> 갈수록 개인의 영역이 축소되고 말살되는
> 시대에 있어서 결코
> 한 개인의 노래만은 아닌 극복해야 할
> 자조적 실존의 비극적 아름다움—

이라고 할 수 있다. 『반성』은 개인의 자기 고백이 아니라 우리 모두가 극복해야 할 문제인 것이다.

그는 또한 이러한 반성을 시로 형상화함에 있어서 뛰어난 지성과 따뜻한 감성과 섬세한 시적 기교를 유감없이

보여 준다. 그동안 우리 시에서 특히 부족했던 점이 고도의 철학적 사유와 사소한 일상적 체험의 연계성이라면, 김영승의 『반성』은 그 점에 대한 반성도 된다.

김영승의 『반성』에 대하여 어떤 사람은 시가 채 덜된 일상의 넋두리이며 장난기가 심하다고 말할지 모른다. 그러나 그것은 전혀 그렇지 않다. 그의 시는 섬세한 솜씨로 표 내지 않게 다듬어진 것으로, 조금만 주의해서 읽으면 그 속에 운율까지 고려되어 있음을 알게 된다. 그리고 장난기 섞인 시가 웃기기는 할 수 있겠지만 울리기까지 할 수 있겠는가.

김영승의 『반성』에 대하여 또 어떤 사람은 지나치게 현실 응전 의욕이 결여되어 있으며 지나치게 불경스럽고 외설스럽다고 말할지 모른다. 이는 그렇게 볼 수도 있다. 그러나 우리는 강한 현실 응전 의욕에서보다는 예리하게 지적된 현실의 모순에서 더 큰 감동을 받는다. 그의 시가 다루고 있는 1980년대적 현실의 성격상 더욱 그러하다. 그리고 그의 시가 지닌 불경과 외설이 진정 불편하게 느껴지는 사람들은 혹시 자신의 삶과 의식에 약간의 가식이 있지 않나 돌이켜 볼 필요가 있다.

1980년대의 역설적 풍요가 만들어 낸 백수 김영승의 참혹한 『반성』이 1980년대 초반의 시가 누렸던 영광을 전수 받을 것으로 기대하며 이후 우리 시에 새로운 지평을 열어 줄 것을 기대한다.

(필자 : 문학평론가)

김영승

1958년 인천에서 태어나 제물포고와 성균관대학교 철학과를 졸업했다.
1986년 계간《세계의 문학》가을호에「반성·序」외 3편의 시를 발표하며 등단했다.
시집『車에 실려가는 車』,『취객의 꿈』,『아름다운 폐인』,『몸 하나의 사랑』,『권태』,
『무소유보다도 찬란한 극빈』,『화창』,『흐린 날 미사일』등과 에세이집
『오늘 하루의 죽음』이 있다. 현대시작품상, 불교문예작품상, 지훈문학상,
형평문학상, 이용악문학상 등을 수상했다.

반성

1판 1쇄 펴냄 1987년 3월 30일
1판 8쇄 펴냄 1995년 3월 10일
2판 1쇄 펴냄 1997년 10월 20일
2판 4쇄 펴냄 2003년 5월 15일
3판 1쇄 펴냄 2007년 4월 20일
3판 7쇄 펴냄 2023년 1월 17일

지은이 김영승
발행인 박근섭, 박상준
펴낸곳 ㈜민음사

출판등록 1966. 5. 19. 제16-490호
서울특별시 강남구 도산대로1길 62(신사동)
강남출판문화센터 5층(우편번호 06027)
대표전화 02-515-2000 / 팩시밀리 02-515-2007
www.minumsa.com

ⓒ 김영승, 1987, 1997, 2007. Printed in Seoul, Korea
ISBN 978-89-374-0587-7 04810

* 잘못 만들어진 책은 구입처에서 교환해 드립니다.